I0500082

Fälle von Insolvenz von KMU durch Eigentümer

Anddy Park

Über den Autor

Anddy Park

Anddy ist Finanzdirektor von Yuil technolgy investment, einer südkoreanischen Risikokapitalfirma, und einer der Hauptmanager ihres Risikokapitalfonds.

Er hat als Risikokapitalgeber bei KDB Capital und als Wirtschaftsprüfer bei der Choeun Savings Bank gearbeitet. Außerdem war er CEO von Yuil Capital Partners und Careernet und verfügt über ein breites Spektrum an Erfahrungen, von der Unternehmensberatung über Risikokapital bis hin zur Verbraucherfinanzierung.

Als leitender Angestellter eines Finanzinstituts hat er mehr als 10 Jahre lang erlebt, wie Veränderungen im makroökonomischen Umfeld das Schicksal von Finanzinstituten bestimmen können.
Aufgrund dieser Erfahrung begann er, sich für die Ursachen und Folgen von Wirtschaftskrisen zu interessieren, insbesondere 1997, als Korea ein Rettungspaket des IWF beantragte, und 1998, als Finanzinstitute und Unternehmen umstrukturiert wurden. Infolgedessen schrieb er das Buch Geld, Spekulation und Betrug.
Das Buch ist eine Sammlung von Beispielen aus dem wirklichen Leben, die auf seinen Erfahrungen beruhen und von denen er hofft, dass sie als Lektion für Kleinunternehmer dienen können.
Anddy hat an der Korea University einen Abschluss in Wirtschaftswissenschaften gemacht und verfügt über 30 Jahre Erfahrung in Finanzinstituten und in der Industrie; er ist Autor von vier Büchern: Geld, Spekulation, Betrug und Finanz-ABC für Dummköpfe.

Inhaltsverzeichnis

Prolog

In meinen fast 30 Jahren in der Unternehmenswelt habe ich mit vielen kleinen und mittleren Unternehmen zusammengearbeitet, und während es einige großartige Beispiele von Unternehmen gibt, die zu mittelgroßen Unternehmen herangewachsen sind, gibt es auch eine ganze Reihe von Unternehmen, die jetzt verschwunden sind.

Die Geschichten der Best Practices werden oft publik gemacht, indem man Reporter einlädt, den CEO zu interviewen, wann immer es nötig ist, Wachstumsgeschichten schreibt und sie in den Medien bekannt macht, aber die Geschichten der Unternehmen, die in Konkurs gingen oder vom Markt verschwanden, sind oft schwer zu hören, es sei denn, man war an ihnen oder in der Branche beteiligt.

In meinem eigenen Fall habe ich durch meine Arbeit in der Unternehmensberatung und in der Investitions- und Kreditvergabe von Finanzinstituten oder durch meine direkte Rolle als Finanzdirektor von Konkursen erfahren. Ich habe auch von Bekannten viele Geschichten über bankrotte Unternehmen gehört.

Diese Geschichten sind schwerer zu finden als Best Practices, und ich hoffe, dass sie als wertvolle Beispiele dafür dienen können, was kleine und mittlere Unternehmen, die derzeit um das Überleben kämpfen, nicht tun sollten.

Aufgrund der Tatsache, dass es sich bei einigen der Geschichten um Whistleblowing handelt, wurden Pseudonyme verwendet und keine direkten Verweise auf reale Namen gegeben, und die Geschichten beruhen auf Sachbüchern, wobei zwangsläufig auch ein wenig Fiktion in die Mischung einfließt.

So wie es viele Diktaturen auf der Welt gibt, so gibt es auch viele Diktatoren in Unternehmen. Ich mache den Diktatoren in Unternehmen keinen Vorwurf, denn manche Menschen gründen Unternehmen, um Diktatoren zu sein.

Wenn der Diktator jedoch inkompetent, gierig oder unfähig ist, zwischen Geschäft und Vergnügen zu unterscheiden, sind die meisten Mitarbeiter nicht immun gegen die Tyrannei des Diktators und müssen den Schmerz zum Wohle des Unternehmens ertragen.

Viele von uns können die selbstzerstörerischen, demütigenden Situationen nachempfinden, die wir ertragen müssen, um unseren Lebensunterhalt zu verdienen, aber der Diktator scheint sich an dem Schmerz zu ergötzen und zeigt keine Anzeichen von Entschuldigung oder Reue, und die unkontrollierte Macht wird nur noch stärker.

In der Hoffnung, dass die Diktatoren erkennen, dass ihre Entscheidungen tief greifende Auswirkungen auf die Lebensgrundlage zahlloser Beschäftigter und ihrer Familien haben, die von ihren Unternehmen leben und sterben, sehen wir uns an, wie ihr Handeln zum Zusammenbruch von Unternehmen geführt hat.

Dieses Buch analysiert nicht das Recht und Unrecht von Konkursen und Veruntreuungen, sondern ist ein vorsichtiger und unbeschwerter Blick darauf, wie sich die Handlungen von Menschen, die einen großen Einfluss auf ein Unternehmen haben können, auf eine Organisation auswirken können.

1. Die koreanische Version von Ripley's Believe It or Not

Ich wählte die erste Folge, um die Geschichte von Kim zu erzählen, dem Eigentümer einer Sparkasse (ein koreanisches Finanzinstitut, das mit den S&Ls in den USA vergleichbar ist), in der ein Bekannter von mir arbeitete. Er baute die Bank zum siebtgrößten Finanzinstitut des Landes mit einem Vermögen von 2 Billionen Dollar auf, wurde aber dabei erwischt, wie er Kundengelder stahl und versuchte, sich kurz vor der Schließung der Bank zu verdrücken.

Kim wurde 1956 in einer armen Bauernfamilie in Asan, Provinz Chungcheongnam, Südkorea, als ältester von drei Söhnen und einer Tochter geboren. Nach dem Abschluss der Grundschule besuchte er die Mittelschule, die jedoch nicht offiziell anerkannt war, und schon damals wurde er als Unruhestifter bezeichnet und von der Schule verwiesen. Danach zog er nach Seoul und soll in einer Fabrik gearbeitet haben.

Er war ein Hochstapler, der sich als Jurastudent an der SNU (Seoul National University), einer der besten Universitäten Südkoreas, ausgab, obwohl seine wirkliche Ausbildung aus einem GED (General Educational Development Test) und einem zweijährigen Community College-Abschluss bestand.

Nach seinem Eintritt in die Armee lernte Kim einen Jurastudenten der SNU kennen, der 1978 der Armee beigetreten war. Wie es Betrüger oft tun, erzählte Kim dem Mann, dass er ebenfalls Jurastudent an der Seoul National University sei, dass er die High School mit einem GED abgeschlossen habe, weil seine Familie arm sei, und dass er der Armee beigetreten sei, sobald er in das Jurastudium aufgenommen worden sei, weil er niemanden im Jurastudium kenne.

Die beiden wurden enge Freunde, und auch nach seinem Ausscheiden aus der Armee folgte er seinem Freund zur Alumni-Vereinigung der Seoul National University Law School und lebte das Leben einer koreanischen Version von Ripley.

Das Ripley-Syndrom, das durch die Filme "Purple Noon" mit Alain Delon in der Hauptrolle und "Der talentierte Mr. Ripley" mit Matt Damon in der Hauptrolle berühmt wurde, ist ein Zustand, bei dem eine Person fest daran glaubt, dass ein falsches Bild von sich selbst ihr wahres Ich ist und nach diesem Bild lebt. Obwohl das Ripley-Syndrom selbst nicht als Geisteskrankheit anerkannt ist, wird es als eines der Symptome anderer Störungen wie Größenwahn und wahnhafte Störungen behandelt.

Es handelt sich um ein Phänomen, bei dem eine Person mit einem hohen Leistungsbedürfnis, die ihre Bedürfnisse nicht erfüllen kann, unter Minderwertigkeits- und Opfergefühlen leidet und wiederholt und gewohnheitsmäßig Lügen erzählt, die sie für wahr hält und in einer von ihr geschaffenen Welt falsch handelt.

Als er nach Seoul zog, log er seine Eltern an, dass er die Aufnahmeprüfung für das Jurastudium an der Seoul National University bestanden habe, und machte ein Foto mit seinen Eltern vor dem Haupteingang der Universität.

Nach seiner Entlassung aus der Armee fälschte er einen Studentenausweis und begann, an Treffen von Absolventen der SNU Law teilzunehmen, wo er mit der Eloquenz und Schamlosigkeit eines Betrügers zum Vorsitzenden der Gruppe wurde.

Zu dieser Zeit herrschte an der juristischen Fakultät der Nationalen Universität Seoul eine individualistische Atmosphäre, die sich auf das Studium für die Anwaltsprüfung konzentrierte, und niemand wollte allgemeine Aufgaben der Fakultät übernehmen. In einer solchen Situation konnte sein Image als proaktiver Student, der die Initiative ergriff, um bei den Aktivitäten der Abteilung zu helfen, nur gut sein.

Er besuchte jeden Tag die juristischen Vorlesungen der SNU, legte Prüfungen ab und erweiterte seine Aktivitäten über die Grenzen eines Scheinstudenten hinaus, indem er u. a. als Präsident des Studentenrats, Präsident des Clubs, Präsident des GED-Clubs und Klassensprecher fungierte.

Zu dieser Zeit waren die Unterlagen der Studenten noch nicht computerisiert, und in der juristischen Fakultät bereiteten sich viele Studenten auf die Anwaltsprüfung vor.

Er nutzte auch die Tatsache, dass er Jurastudent an der Seoul National University war, um Tutor zu werden. Er unterrichtete hauptsächlich Schüler im dritten Jahr der High School und konzentrierte sich dabei auf die Aufnahmeprüfungen für die Hochschulen.
Gleichzeitig bereitete er sich auf die Anwaltsprüfung vor und nahm noch während seines Studiums an der ersten Runde teil. Obwohl er behauptete, um eine Frage gescheitert zu sein, lag sein Durchschnittsergebnis in der ersten Runde bei 26 von 100 Punkten.

Sein Fleiß wurde von seinen Mitschülern und Kommilitonen anerkannt, und ein Kommilitone stellte ihn der Schwester seines Cousins vor, der Tochter des Vorsitzenden eines großen Krankenhauses, die an einer der renommiertesten Frauenuniversitäten Südkoreas Krankenpflege studierte.

1982 gab sich Kim als Jurastudent an der Seoul National University aus und heiratete die Tochter des Krankenhausdirektors, der er von einem Kommilitonen vorgestellt worden war. Der Dekan der juristischen Fakultät der Seoul National University nahm die Trauung vor, und die meisten Jurastudenten waren als Gäste anwesend.

Niemand ahnte, dass Kim ein falscher Jurastudent der SNU war, weil er bei verschiedenen Veranstaltungen der Schule so auffällig und überrepräsentiert war.

Seine Kommilitonen feierten seine Hochzeit, indem sie ihr Geld zusammenlegten, um ihm einen Kühlschrank als Flitterwochengeschenk zu kaufen.

Er log die Eltern eines Studenten an, für den er als Tutor tätig war, und erzählte ihnen, dass er die erste Runde der Anwaltsprüfung bestanden hatte, und lockte sie mit der Behauptung, er habe eine gute Investition, so dass er eine Hypothek auf eine Immobilie aufnahm und das Geld zum Kauf seines neuen Hauses verwendete.

Kims Betrug wurde 1983 bei der Erstellung des Jahrbuchs der Juristischen Fakultät der Seoul National University aufgedeckt. In jenem Jahr mussten in den Jahrbüchern zum ersten Mal die echten Namen und High Schools der Studenten aufgeführt werden, und bei der Überprüfung seines echten Namens wurde entdeckt, dass er ein falscher SNU-Student war.

Er hatte sogar ein Abschlussfoto für das Jahrbuch gemacht und dabei seine Adresse für das Jahrbuch nicht aufgeschrieben, aber als das Büro des Ministeriums nach seiner Heirat und seinen Flitterwochen das Melderegister überprüfte, um die Adresse für ihn einzutragen, wurde festgestellt, dass er ein falscher Student war. Es war ein großer Vorfall, über den damals in den Medien berichtet wurde und der später das Motiv eines Romans wurde.

Er wurde für diese betrügerische Handlung nicht rechtlich bestraft, da er anderen Studenten keinen Schaden zufügte. Da es keine rechtliche Grundlage für eine Bestrafung gab und sein Image in der Schule zu diesem Zeitpunkt nicht schlecht war, wurden gegen ihn keine Sanktionen verhängt, selbst nachdem bestätigt wurde, dass er ein falscher Student war.

Als herauskam, dass Kim ein falscher Student war, suchten einige Studenten in der Schule nach ihm, darunter auch einer, der heute Präsident von Südkorea ist.

Doch selbst nachdem er als falscher SNU-Jurastudent entlarvt worden war, hielt Kim weiterhin Kontakt zu den Ehemaligen und nahm vor allem an den Treffen der SNU-Juristen teil, was von den echten Ehemaligen geduldet wurde, weil er ein gutes Image und einen großen Freundeskreis hatte, weil er sie durch ihre akademische Laufbahn geführt hatte.

Als der Betrug aufflog, drängte die Familie der Tochter des Krankenhausdirektors, die mit dem Vorsitzenden Kim verheiratet war, sie natürlich zur Scheidung, aber sie war im siebten Monat schwanger, und die gesellschaftlichen Vorurteile gegen geschiedene Frauen waren zu dieser Zeit sehr groß.

Kim betrog die Familie eines ehemaligen Nachhilfelehrers um insgesamt 16 Millionen Won (ca. 12.000 $) im Namen von Nachhilfegebühren und Beratung bei der Hochschulaufnahmeprüfung und wurde von der Polizei festgenommen und wegen Betrugs an verschiedenen Investoren ins Gefängnis gesteckt. Zu dieser Zeit betrug das Monatsgehalt eines großen Unternehmens etwa 300.000 Won (ca. 230 $), so dass 16 Millionen Won eine recht hohe Summe waren.

1985 bewarb er sich um eine Stelle bei der Daewoo Group, einem damals großen Mischkonzern, und wurde angenommen. Damals stellte die Daewoo Group nur Absolventen renommierter Universitäten wie der Seoul National University, der Korea University und der Yonsei University ein, und obwohl er das laxe Personalsystem des Unternehmens durchlief, wurde er drei Monate nach seinem Eintritt in das Unternehmen entlassen, weil die Überprüfung des Bildungshintergrunds durch das Unternehmen ergab, dass er ein falscher Student war.

Kim lieh sich dann Geld von seinen wohlhabenden Schwiegereltern, um mehrere Unternehmen zu gründen, die jedoch alle scheiterten, so dass er genug Geld ansparen konnte, um ein Immobilienentwicklungsunternehmen und einen Steinbruch zu kaufen, in den er zufällig investierte. Mit diesem Geld kaufte er dann eine Baufirma, die während der koreanischen Finanzkrise 1997 in Konkurs ging und ihn mit Milliarden von Won verschuldet zurückließ. Zu diesem Zeitpunkt wurde Herr Kim zu einem schlechten Kreditrisiko.

Trotzdem stieg Kim 1999 in die Finanzbranche ein, als er die Korea Mutual Credit Bank mit Sitz auf der Insel Jeju für 500 Millionen Won erwarb und dabei den Namen seines Bruders statt seines eigenen verwendete.

Nach der Finanzkrise in Südkorea im Jahr 1997 lockerte die südkoreanische Regierung die Vorschriften für den Erwerb von Finanzinstituten, um die Übernahme von in Schwierigkeiten geratenen Finanzinstituten zu erleichtern, und schaffte unter anderem die Qualifikationsprüfung für Großaktionäre ab.

Nach dem Erwerb des Unternehmens nutzte er die Vereinigung ehemaliger Juristen der Seoul National University, die er auch nach dem Betrug mit den falschen Studenten aufrechterhalten und unterstützt hatte, um seine Freunde und ehemaligen Klassenkameraden für die Sparkasse zu gewinnen.

Aufgrund seiner schlechten Kreditwürdigkeit fühlte er sich jedoch nicht wohl dabei, sich selbst zum Geschäftsführer zu ernennen. Stattdessen brauchte er jemanden mit einem höheren Bekanntheitsgrad, um den Posten des Geschäftsführers zu übernehmen, und ein Bekannter machte ihn mit einem anderen Risikokapitalgeber, Herrn Yoon, bekannt.

Yoon war ein Betrüger und Mörder, der seine Frau in Hongkong ermordet hatte, erfolglos versucht hatte, in der nordkoreanischen Botschaft in Hongkong Asyl zu beantragen, und dann nach Südkorea zurückgekehrt war und gelogen hatte, er habe sie getötet, weil sie eine nordkoreanische Spionin gewesen sei, und sich als antikommunistischer Kämpfer gerühmt.

Yun stammte aus derselben Provinz Chungcheongnam wie Kim, brach die Mittelschule ab und verbrachte nur sechs Monate in der Armee, gab aber fälschlicherweise an, eine Militärakademie absolviert zu haben.
Als CEO von Pass21, einem Unternehmen für Fingerabdrucklesegeräte, gab er sich als Risikokapitalgeber aus und zahlte eine Menge Schmiergelder an Regierungsbeamte.

Der Vorsitzende Kim ernannte Yoon, der angeblich einen bunten Lebenslauf hatte, zum Geschäftsführer eines Finanzinstituts, das er erworben hatte, und nutzte seinen Bekanntheitsgrad, um es zu fördern.
Als jedoch die Wahrheit über den Mordfall an Yoon ans Licht kam und Yoon inhaftiert wurde, sah sich Kim gezwungen, selbst CEO und Vorsitzender des Finanzinstituts zu werden.

Die Bank wurde im Jahr 2000 in Mirae Savings Bank umbenannt und übernahm 2002 die Budget Savings Bank und 2005 die Samhwan Savings Bank. Im Jahr 2005 erweiterte die Bank ihre Reichweite durch die Eröffnung einer Zweigstelle in Gangnam, Seoul, und im Jahr 2009 übernahm sie die Hanil Savings Bank. Mehr als ein Jahrzehnt nach der Übernahme ist die Mirae Savings Bank mit einem Vermögen von 2 Billionen KRW zum siebtgrößten Finanzinstitut des Landes aufgestiegen.

Das Hauptertragsprodukt der Mirae Savings Bank waren Übernachtkredite. Während bei normalen Krediten Sicherheiten verlangt werden und die Sicherheiten veräußert werden, wenn die Zinsen oder das Kapital drei- oder viermal überfällig sind, werden bei Tageskrediten Kapital und Zinsen jeden Tag verlangt, so dass die Sicherheiten versteigert werden können, sobald sie drei oder vier Tage überfällig sind.

Ein repräsentatives Sicherheitenobjekt, das auf diese Weise weggenommen wurde, ist das Geonjae Old House in Asan, Chungcheongnam-do.
Es war ein Haus, in dem die Nachkommen einer prominenten Familie namens Yigan während der Joseon-Dynastie lebten. Während der Herrschaft von König Gojong der Joseon-Dynastie kaufte ein Mann namens Gunjae Lee Sang-ik mehrere nahegelegene Ziegelhäuser und baute ein typisches Ziegelhaus, das so wertvoll war, dass es zum nationalen Volkskulturgut erklärt wurde.

Allein die Kiefern im Garten des Hauses sollen mehrere Milliarden Won wert sein. Als Lee, ein Nachfahre von Lee Sang-ik, bei der Mirae Savings Bank einen Kredit in Höhe von 7 Mrd. Won (5,26 Mio. $) aufnahm und das Haus als Sicherheit für sein Lebensmittelunternehmen nutzte, und Lee den Kredit nicht mehr bedienen konnte, versteigerte der Vorsitzende Kim das Haus und nahm es in seinen Besitz.

Nachdem Lee den Besitz an dem Haus verloren hatte, beging er Berichten zufolge Selbstmord, weil er sich schuldig fühlte, das von seinen Vorfahren geerbte Anwesen nicht schützen zu können.

Kim verwandelte das Haus in eine Privatvilla und kaufte im Namen eines Verwandten die umliegenden Kastanienbäume und 80.000 Quadratmeter Land, wo er alle möglichen Blumen und Bäume pflanzte und einen privaten Garten anlegte. Die Villa war so groß, dass man sie nur sehen konnte, wenn man 15 Minuten über den Rasen ging.

Der Vorsitzende Kim kaufte auch 3.305.800 m² Land in der Gegend von Asan, Chungcheongnam-do, um einen wunderschönen Golfplatz namens CC zu bauen, den er auf den Namen einer anderen Person lieh, um den Bau des Golfplatzes zu finanzieren. Unter diesen Darlehen belief sich allein das illegale Darlehen der Mirae Savings Bank auf mehr als 200 Milliarden Won (150 Millionen Dollar).

Während dieses Prozesses erfuhr Herr Heo, ein weiterer Betrüger, dass der Vorsitzende Kim einen illegalen Kredit in Höhe von 200 Milliarden Won aufgenommen hatte, um den Bau des Golfplatzes zu finanzieren, und schickte zusammen mit Herrn Lee, einem ehemaligen Parlamentsassistenten, eine E-Mail an den Vorsitzenden Kim und bedrohte ihn.

Indem er Druck auf die Finanzaufsichtsbehörde und die Staatsanwaltschaft ausübte, damit sie die illegalen Kredite des Vorsitzenden Kim melden, erpresste Heo 380 Millionen Won (etwa 300.000 US-Dollar) von Kim. Außerdem erpresste er 85 Mio. Won (ca. 64.000 USD) von Herrn Kim, einem Angestellten der Mirae Savings Bank, der an den illegalen Krediten beteiligt war, indem er ihm drohte, dass er ebenfalls inhaftiert werden würde, wenn die Ermittlungen zu den illegalen Krediten fortgesetzt würden.

Heo, der schließlich wegen Betrugs verhaftet wurde, war Absolvent der Harvard Law School in den USA und hatte als Leiter der koreanischen und der Hongkonger Niederlassung des US-Geheimdienstes Central Intelligence Agency (CIA) gedient, aber es stellte sich heraus, dass er nur einen Highschool-Abschluss hatte.

Als der südkoreanische Immobilienmarkt in den späten 2000er Jahren einbrach, begannen die Kredite für Immobilienprojektfinanzierung (PF), ein Hauptprodukt der Sparkassen, zu scheitern.
Dies führte dazu, dass die Eigenkapitalquote der Mirae Savings Bank (BIZ), die Ende Juni 2010 bei 9,34 % lag, innerhalb eines Jahres auf -10,17 % fiel. Die Hauptursache für den Zusammenbruch war Kim selbst.

Am 5. Juni 2011 um 3 Uhr morgens, als sich die Rentabilität der Sparkasse verschlechterte, fuhr sein Sohn, der als Beamter im öffentlichen Dienst im Seouler Bezirksamt Gwanak tätig war (eine Form des südkoreanischen Militärdienstes, die es ihm ermöglichte, als Beamter im Bezirksamt zu arbeiten), mit hoher Geschwindigkeit in Apgujeong-dong, Gangnam-gu, Seoul, in einen Mercedes Benz, krachte in sechs oder sieben Autos und verletzte sechs Menschen schwer.

Der Sohn des Vorsitzenden Kim, der zu diesem Zeitpunkt betrunken war, fuhr einen von der Mirae Savings Bank geleasten Benz und krachte in acht Autos, bevor er flüchtete und von der Polizei gefasst wurde, die von Taxifahrern angehalten wurde, die die Fahrerflucht beobachtet hatten.

Sein Blutalkoholspiegel betrug zu diesem Zeitpunkt 0,137 Prozent, und Kims Sohn soll den Taxifahrer, der ihn verfolgte, angeschrien haben: "Mein Vater ist der Chef der Mirae Savings Bank.

In der Zwischenzeit verschlechterte sich das Management der Sparkasse, so dass der Vorsitzende Kim die BIZ-Quote auf über 8 % anheben musste, um den Konkurs der Bank zu verhindern. Um dies zu erreichen, musste er das Kapital der Mirae Savings Bank aufstocken, und so heckte er mit Lim, dem Vorsitzenden der Solomon Savings Bank, und Hong Won-jeong, dem Direktor der Seomi-Gallery, die Kunstwerke berühmter Politiker und Geschäftsleute zu Geld gemacht hatte, einen Plan aus.

Hongs Schwiegervater und Schwager waren beide Chaebols, so dass er mit den Chaebols vertraut war und deren Gemälde für sie zu Geld gemacht hatte. Da der Wert von Gemälden nicht eindeutig bestimmt werden konnte, wurde dieser Handel oft dazu genutzt, Steuern zu hinterziehen und Geld zu verstecken.

Zunächst lieh Kim der Solomon Savings Bank 28,5 Mrd. Won (21 Mio. USD) als Sicherheit für eine Kapitalerhöhung in Höhe von 3 Mrd. Won (2,2 Mio. USD), wobei er die Gemälde, die er in der Galerie besaß, als Pfand verwendete. Anschließend verpfändete Kim einen Teil der Gemälde, die er von der Galerie als Sicherheit erhalten hatte, an die Solomon Savings Bank zurück und erhielt ein Darlehen in Höhe von 30 Mrd. Won (22,5 Mio. USD).

Anschließend verpfändete er den Rest der Gemälde, die er von der Sumi-Galerie als Sicherheit erhalten hatte, an Hana Capital, und die Mirae Savings Bank erhielt von Hana Capital eine Kapitalerhöhung in Höhe von 14,5 Mrd. Won (11 Mio. USD).

Er überzeugte auch die Mitarbeiter des Unternehmens, sich mit 8 Mrd. Won (6 Mio. USD) aus ihren Gehältern und Abfindungen an der Kapitalerhöhung der Mirae Savings Bank zu beteiligen.

Die Mirae Savings Bank, deren BIZ-Quote aufgrund des schlechten Managements auf -16 % fiel, wurde jedoch schließlich im Mai 2012 suspendiert, und die Führungskräfte der Sparkasse, die Kundengelder durch Betrug und illegale Kredite gestohlen hatten, konnten sich nicht vor einer gerichtlichen Bestrafung drücken. Aus diesem Grund wurden die Führungskräfte der Sparkasse, einschließlich des Vorsitzenden Kim, aufgefordert, das Land zu verlassen.

Am 3. Mai 2012 sagte Kim vor den Mitarbeitern des Unternehmens: "Die Chancen stehen weniger als 50/50, aber wir werden unser Bestes tun, um die Sparkasse zu retten." Er ermutigte die Mitarbeiter und forderte sie auf, nicht aufzugeben.

Damals lautete das Motto der Mirae Savings Bank "ändere deine Meinung", aber Kim änderte seine Meinung über die Rettung der Bank nicht und plante stattdessen die Flucht durch Abschöpfung von Geldern.
Im April 2012 nahm Kim 200 000 Aktien eines großen Mischkonzerns aus der Verwahrung der Mirae Savings Bank und verschwor sich mit einem Kredithai, um ihm 8 Mrd. Won (6 Mio. USD) an Gebühren zu zahlen und rund 19 Mrd. Won (etwa 14 Mio. USD) im Voraus auszuzahlen.

Nachdem er seine Mitarbeiter ermutigt hatte, ging Kim zu einer Filiale der Woori Bank, in der 25 Mrd. Won (ca. 19 Mio. USD) der Mirae Savings Bank deponiert waren, und versuchte, die Gelder ohne Wissen der Mitarbeiter des Unternehmens abzuheben.

Zu diesem Zeitpunkt hatte ein Sparkassenangestellter, der wegen der Verschlechterung des Managements der Mirae Savings Bank einen Ansturm auf die Bank befürchtete, 5 Mrd. Won (ca. 4 Mio. USD) im Voraus abgehoben und auf einem anderen Konto der Mirae Savings Bank deponiert, so dass der zur Abhebung verfügbare Betrag 20,3 Mrd. Won (ca. 15 Mio. USD) betrug.

Als die Bankangestellten dem Vorsitzenden Kim, der das Passwort nicht kannte, weil die Angestellten es ihm nicht sagten, mitteilten, dass er das Geld nicht abheben könne, brachte er die entsprechenden Dokumente, einschließlich des Firmensiegels und seines persönlichen Siegels, mit, setzte das Passwort des Kontos zurück und hob schließlich 20,3 Milliarden Won in bar ab.

Die Woori Bank, die beim Zurücksetzen des Kontopassworts den Grund für die Änderung des Passworts nicht angegeben hatte, wurde später von der Finanzaufsichtsbehörde mit einem Bußgeld belegt, und gegen die verantwortliche Person wurde ein Disziplinarverfahren eingeleitet.

Kim, der sich mit etwa 40 Mrd. Won (ca. 30 Mio. $), davon 20,3 Mrd. Won (ca. 15 Mio. $), die er von der Bank abgehoben hatte, und 19 Mrd. Won (ca. 14 Mio. $), die er durch die Auszahlung von Aktien im Voraus aufgebracht hatte, über den Hafen von Gungpyeong in Hwaseong, Provinz Gyeonggi, nach China schmuggeln wollte, vertraute 5,6 Mrd. Won (ca. 4,2 Mio. $) einem Fahrer an, der ein Klassenkamerad in Kims Grundschule war, um sie später zum Hafen zu bringen.

Der Fahrer flüchtete jedoch mit dem Geld und tauchte nie am Hafen auf.

Nachdem er sich mit Herrn Oh, einem ehemaligen Gangster und Schmuggler, im Hafen von Gungpyeong in Hwaseong, Gyeonggi-do, getroffen hatte, um ihn an Bord eines kleinen 9,5-Tonnen-Schiffs zu schmuggeln, wurde Kim von der südkoreanischen Küstenwache, die verdeckt ermittelt hatte, entdeckt und in der Kabine des Schmuggelschiffs festgenommen.

Zum Zeitpunkt seiner Verhaftung hatte Kim Berichten zufolge einen Reisepass und 12 Millionen Won (9.000 US-Dollar) in bar bei sich und beteuerte seine Unschuld: "Ich habe nicht versucht zu schmuggeln, ich wollte nur auf das Schiff gelangen". Die zig Milliarden Won in bar, die Kim arrangiert hatte, wurden am Tatort nicht gefunden, und es ist nicht bekannt, wo er sie versteckt hat.

Bei der Mirae Savings Bank, die zusammen mit der Solomon Savings Bank am 6. Mai 2012 aufgrund von Kims Missmanagement geschlossen wurde, gab es 88.000 Einleger, von denen 2.000 ohne ihr Geld dastanden.

Laut Ermittlungsmitteilung der Staatsanwaltschaft, die nach Kims Verhaftung veröffentlicht wurde, hat er schätzungsweise mehr als 250 Mrd. Won (rund 190 Mio. USD) aus der Sparkasse gestohlen und versteckt.

Er wird auch verdächtigt, Gelder abgezweigt zu haben, indem er ein Gemälde seiner Tochter, die Kunststudentin war, für einen exorbitanten Betrag gekauft und 10 Mrd. Won (ca. 7,5 Mio. USD) illegal an ein Meeresfrüchtebuffetgeschäft im Namen seiner Frau verliehen hat.
Außerdem wurde bekannt, dass er 27 Mrd. Won (ca. 20 Mio. USD) zur Finanzierung eines Kasinogeschäfts auf den Philippinen und 150 Mrd. Won (ca. 110 Mio. USD) illegal über einen Dritten an ein Unternehmen im Besitz von Kim verliehen hatte.

Im ersten Prozess im Januar 2013 wurde er zu neun Jahren Gefängnis verurteilt, doch wurde das Urteil im Dezember 2013 in der Berufung auf acht Jahre reduziert.
Kim wurde u. a. der Veruntreuung von 302,8 Mrd. Won (227 Mio. USD), der Unterschlagung von 57,1 Mrd. Won (43 Mio. USD) und der Gewährung von Krediten in Höhe von 526,8 Mrd. Won (396 Mio. USD) an den Mehrheitsaktionär einer Sparkasse für schuldig befunden und zu acht Jahren Haft verurteilt.

Der Vorsitzende Kim hat Berichten zufolge im Gefängnis einen Selbstmordversuch unternommen, nachdem er vom Selbstmord seiner Geliebten erfahren hatte.

Sein Cousin ersten Grades, ein Bruder zweiten Grades, hatte Kim geholfen, Geld zu beschaffen, als er die Cheonan-Filiale der Mirae Savings Bank leitete, aber nach Kims Verhaftung und während der Ermittlungen beging er angeblich Selbstmord, indem er sich an einem Straßenbaum erhängte.

Ein Kreditsachbearbeiter der Mirae Savings Bank beging ebenfalls Selbstmord, als die Polizei gegen ihn ermittelte, und hinterließ einen Abschiedsbrief, in dem er erklärte, es sei ungerecht, der Veruntreuung verdächtigt zu werden.
Der Vorsitzende Kim soll im Gefängnis Bücher mitgebracht und fleißig studiert haben, da er ein Akademiker war, der zuvor Jura studiert hatte.
Es wird vermutet, dass er nach Beendigung seiner Strafe aus dem Gefängnis entlassen wurde, doch gibt es keine Informationen über seinen Verbleib.

2. Veruntreuung von Patenten

Herr Song studierte Elektronik und arbeitete als Software-Ingenieur bei S Electronics, einem großen koreanischen Mischkonzern, wo er als Teamleiter tätig war. Nach 10 Jahren Arbeit hatte er jedoch das Gefühl, dass die starre Unternehmenskultur und der immer härter werdende Wettbewerb sein Leben ruinierten, so dass er beschloss, sein eigenes Unternehmen zu gründen.

Im Alter von Mitte 30 gründete er ein Unternehmen, indem er einen Gegenstand vermarktete, der ihm vorschwebte. Da er sich mit der Position des Geschäftsführers überfordert fühlte, stellte er eine Person mit hohem Ansehen als leitender Angestellter ein, um die Rolle des Geschäftsführers zu übernehmen, und gab ihm die Hälfte der Anteile, damit er seine Rolle als Geschäftsführer ausfüllen konnte.

In den ersten Tagen des Unternehmens gab es mehr Probleme mit dem Vertrieb als mit der Technologie, wie bei jedem anderen Unternehmen auch, und der neue CEO war bei seinem vorherigen Job gut behandelt worden, so dass er keine aktive Rolle im Vertrieb, im Management oder in der Technologie übernahm, so dass Herr Song in den meisten Dingen die Führung übernahm.
Nach etwa einem Jahr des Kampfes hatte sich das Unternehmen einigermaßen etabliert, und im Zuge der Planung der technologischen Ausrichtung, die die Zukunft des Unternehmens bestimmen sollte, kam es zu einem Streit mit dem neuen CEO.

Während dieses Prozesses fand Herr Song heraus, dass der CEO die Vorstandsmitglieder zu seinen eigenen gemacht hatte, und am Ende gelang es Herrn Song nicht, die Kontrolle über den Vorstand zu übernehmen, und er verlor das Unternehmen, das er ein Jahr lang kontinuierlich aufgebaut hatte, an den CEO, dem er vertraute und auf den er sich verließ.

Herr Song, der vor allem in der Anfangsphase keine Ahnung von Management hatte, vertraute dem CEO die Aufgabe an, das Unternehmen zu gründen und zu führen.

Der CEO teilte jedoch die Aktien des Unternehmens in Stamm- und Vorzugsaktien auf, um die Kontrolle zu übernehmen. Die Stammaktien wurden mit normalem Stimmrecht ausgegeben, während die Vorzugsaktien ohne Stimmrecht ausgegeben wurden und nur das Recht auf den Erhalt von Dividenden hatten. Das gesamte Aktienkapital setzte sich aus 50 Prozent Stammaktien und 50 Prozent Vorzugsaktien zusammen.

Da 50 % der Herrn Song gewährten Aktien Vorzugsaktien und 50 % der vom CEO übernommenen Aktien Stammaktien waren, hatte Herr Song kein Stimmrecht im Unternehmen und konnte nur Dividenden erhalten.

Da er nicht glaubte, dass der CEO, der in seinem früheren Unternehmen einen guten Ruf genoss und vertrauenswürdig und zuverlässig war, in dieser Weise handeln würde, versuchte Herr Song, die Angelegenheit durch ein Treffen mit dem CEO zu klären, aber der CEO wollte Herrn Song nur durch ein formelles Verfahren mit rechtlichen Schritten und Dokumenten kontaktieren und weigerte sich, sich informell zu treffen.

Nach einem Jahr erfolgloser juristischer Auseinandersetzungen, um die Kontrolle über das Unternehmen wiederzuerlangen, beschloss Herr Song, sein eigenes Unternehmen zu gründen und begann, Mitarbeiter einzustellen, hauptsächlich Techniker, die zuvor bei S Electronics gearbeitet hatten.

Nachdem er von jemandem, dem er vertraute, betrogen worden war, wurde er misstrauisch und übernahm die Kontrolle über den Gründungsprozess des neuen Unternehmens, indem er 98 % der Anteile selbst übernahm und den übrigen Gründungsmitgliedern nur 2 % der Anteile überließ.

Der Streit um das Eigenkapital machte ihn empfindlich, und Demokratie im Management war für ihn nicht akzeptabel. Die Anfangszeit des Unternehmens war jedoch immer schwierig, und er war oft 1-2 Monate mit seinem Gehalt im Rückstand. Wenn das passierte, musste er sich Geld leihen, um die Gehälter seiner Angestellten zu bezahlen, mit Ausnahme der Führungskräfte.

Die Frau, die sich um die Buchhaltung und das Rechnungswesen kümmerte, kündigte, als sie mit der Lohnabrechnung nicht mehr nachkam, und die finanzielle Lage des Unternehmens machte es schwierig, gute Mitarbeiter zu finden, so dass die verbleibenden Mitarbeiter mit Arbeiten überlastet waren, die eine Person die Arbeit von zwei oder mehr Personen erledigen musste.
Angesichts der schwierigen finanziellen Lage des Unternehmens und der fehlenden Mittel blieb dem Geschäftsführer nichts anderes übrig, als eine Zukunftsvision zu präsentieren und die Mitarbeiter mit einer bescheidenen Haltung zu bitten.

Obwohl die Lage des Unternehmens schwierig war, war der Entscheidungsprozess im Vergleich zu anderen Unternehmen recht demokratisch, und der Informationsfluss war von unten nach oben ungehindert. Da das Unternehmen schwer zu führen war, versuchte ich, selbst in kleinen Bereichen Ineffizienzen zu beseitigen, und ich war bereit, die Produktivität zu verbessern.

Außerdem mussten wir, um staatliche Fördermittel zu erhalten, einen Geschäftsplan erstellen und eine Präsentation über das Unternehmen vorbereiten, was unsere Arbeitsbelastung erhöhte, aber wir arbeiteten hart, um das Problem der unzureichenden Mittel zu lösen, und konnten die staatlichen Mittel erhalten.

Nach etwa einem Jahr harter Arbeit erhielt das Unternehmen den Zuschlag für die Belieferung von S-Electronics und begann, Umsätze zu erzielen, wodurch das Finanzierungsproblem bis zu einem gewissen Grad gelöst wurde. Herr Song richtete daraufhin ein Projektteam ein, das mit S-Electronics an dem Projekt zusammenarbeiten sollte, mit dem Ziel, die von S-Electronics gewünschten Ergebnisse innerhalb von drei Monaten zu liefern.

Im ersten Jahr des Bestehens des Unternehmens versuchte Herr Song, technisch unzulängliche Mitarbeiter durch Schulungen zu halten, aber als sich die Situation verbesserte, begann er, sich nach jedem Projekt von unterdurchschnittlichen Ingenieuren zu trennen, und die Stellenausschreibungsseite des Unternehmens war immer für Vollzeiteinstellungen offen.

Am Ende des Projekts verließ fast die Hälfte des Teams das Unternehmen und die andere Hälfte wurde ersetzt, aber das Team war auf fast 100 Mitarbeiter angewachsen.

Als das Unternehmen wuchs, zog es in größere Büroräume um, und das Büro des Geschäftsführers und die Konferenzräume waren oft mit lauten Stimmen gefüllt. Im Raucherbereich wuchs die Unzufriedenheit der Mitarbeiter, und Vorstandsmitglieder, die dem Unternehmen seit seiner Gründung angehörten, begannen zu gehen.
Er verließ das Unternehmen mit der Begründung, der CEO habe sein Gespür verloren und sei zu einem Diktator geworden, der von Leuten umgeben sei, die ihn fürchteten.

Die Leute im Unternehmen sagten, der CEO müsse konsequent und berechenbar sein.

Genauso wie wir die Geschichte heranziehen, um die Gegenwart und die Zukunft zu beurteilen, sollte auch der CEO beständig sein, so dass wir anhand der Beispiele für seine Entscheidungen in der Vergangenheit vorhersagen können, was der CEO tun wird, und uns im Voraus darauf vorbereiten können, damit wir effizient und schnell arbeiten können.

Sie sagten jedoch, dass der CEO des Unternehmens den Unterschied zwischen den Entscheidungen, die er vor einer Woche getroffen hat, und den Entscheidungen, die er heute trifft, nicht verstehen kann.

Sie sagten, sie könnten nicht nachvollziehen, wie seine Entscheidungen zustande kämen, wie ein manisch-depressiver Mensch, der von seinen Stimmungen getrieben wird.

Wir sahen auch, dass der CEO weniger mit internen Führungskräften und Technologen sprach. Er gab eher den Meinungen seiner persönlichen Berater außerhalb des Unternehmens, wie pensionierten Mitarbeitern eines mittelständischen Unternehmens, die er in der Kirche kennengelernt hatte, oder engen Freunden und Senioren, den Vorzug vor denen der internen Mitarbeiter.

Selbst wenn die internen Mitarbeiter relevante Informationen von innerhalb und außerhalb des Unternehmens sammelten und analysierten und schließlich Berichte zur Entscheidungsfindung vorlegten, wurde der Vorstandsvorsitzende zum Diktator, der seine Entscheidungen oft auf der Grundlage uninformierter

Ratschläge aus seinem persönlichen Beraterkreis traf.

Es gab interne Regeln, und Dinge, die in den ersten schweren Zeiten des Unternehmens nach Regeln und Grundsätzen gehandhabt worden waren, wurden nun nach Lust und Laune eines Diktators durchgesetzt. Wenn jemand sagte, etwas sei nicht in Ordnung, wurden die Regeln geändert.
Dies führte zu einer Aufweichung der Grundsätze und zu Ineffizienz im Unternehmen. Das Büro des Vorstandsvorsitzenden war immer geschlossen, und die Informationen des Unternehmens wurden von einigen wenigen Personen monopolisiert, im Gegensatz zu der Zeit, als der Vorstandsvorsitzende sich auch um die Mitarbeiter der untersten Ebene kümmerte, wenn das Unternehmen in Schwierigkeiten war, und der Informationsfluss transparent und reibungslos verlief.

Die Beziehung zwischen dem Eigentümer und den Mitarbeitern, die als horizontal gedacht war, schien sich in eine Beziehung zwischen einem unnahbaren Kaiser und einem Diener verwandelt zu haben, und wie ein manisch-depressiver Patient zogen sich die Mitarbeiter jedes Mal, wenn das Geschrei des Diktators lauter wurde, psychologisch zurück und zögerten, sich vor den Diktator zu stellen.

Einige von ihnen hielten es für ungerecht und stritten sich, andere gehorchten, weil sie dachten, der Eigentümer sei verantwortlich, wenn etwas schief ging. Doch wenn das Ergebnis schief ging, fiel die Verantwortung immer auf den Verantwortlichen zurück, so dass die leise Stimme des Verantwortlichen, der sagte, dass er oder sie keine Einwände habe, von der lauten Stimme des Diktators übertönt wurde.

Einer nach dem anderen verließ das Unternehmen, weil er diese Situation nicht ertragen konnte, aber die frei gewordenen Stellen wurden von anderen besetzt, und das Unternehmen lief unverändert weiter. Die Stimme des Diktators wurde immer lauter, da die Leute, die ihn in Schach hielten, verschwanden, und seine externen Berater besuchten das Unternehmen oft in der Hoffnung, sich einen Platz in der Organisation zu verdienen.

Einige wurden für ihre Beratertätigkeit mit viel Geld entlohnt, während andere für Dienstleistungen bezahlt wurden, die nicht benötigt wurden.
Keiner wusste, wohin das Geld floss, aber niemand hielt es für ein legitimes Geschäft.

Vielleicht weil es niemanden gab, der ihn kontrollieren konnte, rief der Diktator den Leiter des Managementteams an und erteilte ihm den Auftrag, immaterielle

Vermögenswerte im Wert von Hunderten von Millionen Won zu kaufen. Dies ist die Technologie der Zukunft, dies ist die Technologie, die die Vision des Unternehmens prägen wird, dies ist das Patent, das gekauft werden muss, und da er so hart gearbeitet hat, um das Geschäft zu sichern, hat er sie angewiesen, die Mittel für die Anzahlung und den fälligen Restbetrag bereitzustellen.

Es gab niemanden in der Firma, der ihn hätte kontrollieren können, und keiner der Leute, die das Unternehmen bereits gegründet hatten, war noch da. Es gab niemanden, der dem Diktator hätte sagen können, dass sich die Technologie nicht lohnte, dass es sich um Geldverschwendung handelte, dass die Übernahme dieses Auftrags das Unternehmen in den Ruin treiben könnte.

Aber niemand im Unternehmen glaubte, dass diese Technologie die Zukunftsvision des Unternehmens sein würde, wie der Diktator sagte. Alle hatten sich damit abgefunden, dass der Eigentümer dies so wollte, und die einzigen, die davon wussten, waren die Führungskräfte und das Managementteam. Da der Diktator dies im Geheimen tat, wusste niemand außer den Verantwortlichen und den Führungskräften davon.

Wir wissen nicht, wohin das Geld für diesen Vertrag geflossen ist. Etwa einen Monat nach der Unterzeichnung des Vertrags wurde jedoch der alte Leiter des Managementteams ersetzt und ein neuer Leiter des Managementteams eingestellt. Das Vermögen des Unternehmens war nicht groß genug, um eine externe Prüfung durch einen Wirtschaftsprüfer zu verlangen.
Der Diktator nutzte das Fehlen einer obligatorischen externen Prüfung aus, und der Vertrag zum Kauf der Patente wurde angeblich von einem externen Berater entworfen, den er in der Kirche kennengelernt hatte.

Vielleicht taten sie dies, weil der Abfluss von Geldern durch diese Art von Arrangement besser war als die Höhe der Steuern, die sie in der üblichen Form von Bonuszahlungen oder Dividendenausschüttungen zahlen müssten, aber der Verlust von Menschen, die sie über rechtliche Risiken und andere Fragen beraten könnten, wurde zu einem großen Risiko der Diktatur.

In Südkorea fürchten Unternehmen im Allgemeinen Steuerprüfungen durch das Finanzamt und Prüfungen von Finanzinstituten durch die Finanzaufsichtsbehörde. Der Diktator, der keine Erfahrung mit solchen Prüfungen hatte, brauchte jedoch jemanden, der ihn über die Auswirkungen einer externen Prüfung beriet.

Dabei hatte er eine wichtige Tatsache übersehen. Er hatte vergessen, dass S Electronics, ein globaler Mischkonzern, unangekündigte Audits bei seinen Unterauftragnehmern durchführt, um illegale Aktivitäten, Managementprobleme und technische Probleme aufzudecken, die beim Management der Unterauftragnehmer behoben werden können.

Durch das Audit erhält S Electronics nicht nur Zugang zu den für den Verkauf erforderlichen Daten, sondern auch zu den Daten in Bezug auf Management, Buchhaltung, Personalwesen und Computerisierung, die in die qualitative Bewertung der Unterauftragnehmer einfließen. Im Rahmen dieses Prozesses wurden Entscheidungen wie die Aushandlung von Preisen für Liefereinheiten und die Neuvergabe von Aufträgen getroffen.

Es gab verschiedene Minenfelder, wie z. B. die Steuerfahndung, die

Buchhaltungsprüfung und das Management-Audit von S Electronics, aber am Ende war das Auditteam, das zuerst kam, S Electronics. Während der unangekündigten Betriebsprüfung beschloss das Prüfungsteam, das die Bücher und Belege des Unternehmens sorgfältig prüfte, den Untervertrag mit dem Unternehmen nicht zu verlängern, woraufhin sich Gerüchte über die Korruption des Unternehmens in der Branche verbreiteten und das Unternehmen aus der Branche ausgeschlossen wurde.

Die Mitarbeiter des Unternehmens, die nicht loyal gegenüber dem Unternehmen waren, wechselten zu anderen Unternehmen, und über die Geschäftstätigkeit des Unternehmens, die Sanierung oder den Verbleib von Herrn Song ist nichts bekannt.

3. Lobbying und Bilanzbetrug

Wenn die USA im Jahr 2000 eine Dotcom-Blase erlebten, dann erlebte Korea eine Begeisterung für Risikofirmen. Damals war der koreanische Aktienmarkt der KOSDAQ, das Äquivalent zur NASDAQ in den USA. Heute bewegt sich der KOSDAQ um die 1.000 Punkte. Zur Zeit der Dot-Com-Blase erreichte der KOSDAQ-Index jedoch 2.925 Punkte, und der Markt war so überhitzt, dass das KGV das 10.000-fache erreichte und es Aktien gab, die um mehr als das 100-fache stiegen.

Zu dieser Zeit war die Begeisterung für Risikogesellschaften auf dem KOSDAQ-Markt mit der Dotcom-Blase in den USA vergleichbar, und Risikogesellschaften gründeten Verbände, um ihre Lobbyarbeit bei der Regierung und anderen Organisationen zu verstärken.

Unter diesen Unternehmen befand sich ein berühmtes Unternehmen, das einen Umsatz von 50 Milliarden Won erzielte und seine Technologie durch die Lokalisierung von aus Japan importierten Geräten bekannt machte.
Der Mythos um den Erfolg dieses Unternehmens füllte die Medien bis zu dem Punkt, an dem es das erste Unternehmen wurde, das als "Venture Company" anerkannt wurde.
Er war auch Vorstandsmitglied der Venture Business Association und organisierte ein Netzwerk von verwandten Organisationen.

Das Image des Unternehmens in den Medien war das eines unternehmerischen, transparenten, sauberen und prinzipientreuen Unternehmens mit strengen Regeln. Der Vorstandsvorsitzende machte einen ernsten Eindruck, und der Finanzdirektor sprach über die glänzende Zukunft des Unternehmens und sein Ziel, das beste Unternehmen Koreas zu werden.
Von außen betrachtet wirkte das Unternehmen wie ein großartiger Arbeitsplatz und ein beneidenswerter Ort, um dort zu arbeiten.

Die internen Mitarbeiter des Unternehmens sahen jedoch ein anderes Bild. Die leitenden Angestellten waren häufig auf Geschäftsreisen, und das interne Verwaltungspersonal verbrachte die meiste Zeit damit, abnormale Vorgänge als normal zu tarnen.

Eines Tages erhält Kim, ein Mitglied des Managementteams, einen Anruf vom Finanzdirektor, der an einer wichtigen Sache außerhalb des Unternehmens arbeitet.

Kim: (Telefon klingelt) Hallo? Hier ist Teamleiter Kim.

Finanzdirektor: Herr Kim, ich muss Sie um einen Gefallen bitten. Ich möchte, dass Sie heute bis 15.00 Uhr 100 Millionen Won in bar von der XX Bank abheben und sich bereithalten.

Teamleiter Kim: (neugierig) Um was geht es denn, was Sie da verlangen?

Finanzdirektor: (schnell) Ich brauche das Geld dringend, also stellen Sie keine weiteren Fragen.

Herr Kim: Okay. Ich gehe zur Bank, hebe Geld ab und warte auf Sie.

Herr Kim kommt bei der Bank XX an und hebt den vom Finanzdirektor angeforderten Bargeldbetrag ab, 100 Millionen Won. Er zählt das Geld sorgfältig ab und legt es in seine Aktentasche.

Er wartet vor dem Haupteingang der Bank, bis der Wagen des Finanzdirektors eintrifft. Nach einigen Augenblicken hält der Wagen des Finanzdirektors an und die Tür öffnet sich. Herr Kim händigt das Geld sicher aus.

Einen Monat später ist Teamleiter Kim gestresst, weil er keine Unterlagen über die Verwendung der 100 Millionen Won erhalten hat, die er dem Finanzdirektor gegeben hat. Er geht in das Büro des Finanzdirektors, um das Problem zu klären.

Teamleiter Kim: Herr Direktor, ich brauche die Belege für die 100 Millionen KRW, die ich vor einem Monat abgehoben habe. Wann können Sie sie mir geben?

Finanzdirektor: (nervös) Es ist Ihre Aufgabe, das zu organisieren. Warum müssen Sie zu mir kommen?

Teamleiter Kim: (verwirrt) Herr Direktor, es handelt sich um Gelder des Unternehmens, und ich muss wissen, wofür sie verwendet wurden, und ich brauche die entsprechenden Belege, um die Bücher abschließen zu können.

Finanzdirektor: (verärgert) Warum nerven Sie mich so? Es ist Ihre Aufgabe, die Bücher zu ordnen, und das haben alle meine Vorgänger so gemacht. Sie sind so unflexibel.

Herr Kim: (mit ernster Miene) Es ist unsere Aufgabe, die Mittel des Unternehmens zu verwalten. Wenn ich nicht weiß, was vor sich geht, wie soll ich dann die Buchhaltung machen?

Finanzdirektor: (wütend) Wenn Sie nicht so viel Buchhaltung machen können, wie können Sie dann in dieser Position sein? Sie müssen ein sehr inkompetenter Mitarbeiter sein.

Teamleiter Kim: (ruhig) Ich bin entschlossen, meine Arbeit ordnungsgemäß zu erledigen, und ich benötige die entsprechenden Unterlagen, um die finanzielle Gesundheit und Transparenz des Unternehmens zu gewährleisten. Ich wäre Ihnen für Ihre Mitarbeit sehr dankbar.

Der Finanzdirektor lehnt Kims Bitte ab und sagt ihm, das sei Ihre Sache. Weniger als einen Monat später wurde Tim aus dem Unternehmen entlassen.

Auf diese Weise flossen die Gelder des Unternehmens in die Wirtschaft, in bürokratische und politische Kreise und wurden für spezielle Interessen verwendet. Auf diese Weise wurden die Gelder des Unternehmens für Lobbyarbeit missbraucht, und Mitarbeiter wie Kim waren nicht in der Lage, ihre legitimen Aufgaben zu erfüllen.

Um nicht dokumentierte Transaktionen in Höhe von mehreren Milliarden Won als rechtmäßig auszugeben, mussten die Mitarbeiter der Buchhaltung und des Finanzwesens eine segmentierte Buchführung durchführen und die Salden von Vorratsvermögen wie Rohstoffen, Hilfsstoffen und Produkten manipulieren.

Die Notwendigkeit, die Menge und den Wert des Inventars durch Inventurzählungen zu überprüfen, führte auch zu einer ungewöhnlich hohen Anzahl von Inventurzählungen auf Papier sowie zur Verwendung großer Mengen von Bargeldquittungen, die innerhalb eines bestimmten Dollarbereichs akzeptabel waren.

Das Unternehmen registrierte sogar Geistermitarbeiter, die nicht für das Unternehmen arbeiteten, und veruntreute Lohnkosten, indem es fiktive Bücher anlegte, damit die Buchhaltungszahlen mit den tatsächlichen übereinstimmten.

Um Lobbyarbeit bei Regierungsbeamten zu leisten, wurden sie in Unterhaltungslokalen wie Pensionen empfangen, und in Pensionen benutzten sie die Namen von Kartenhändlern wie Elektronikhändlern und Reisläden, um die von ihnen verwendeten Firmenkarten als normale Transaktionen zu tarnen.

Einige skrupellose Führungskräfte veruntreuten sogar 30 Millionen Won an Kartenrabatten, indem sie sich mit Angestellten aus der Unterhaltungsbranche zusammentaten, um ihre Firmenkarten als normale Transaktionen auszugeben.

Auch wenn die Skandale im Vergleich zu den großen Skandalen wie dem Einstellungsskandal in Japan und dem Enron-Bilanzskandal in den USA klein waren, so waren dem Wachstum kleiner und mittlerer Unternehmen durch diese Art von Lobbyismus und Bilanzbetrug doch Grenzen gesetzt.

Als die Regierung wechselte, wurde erneut Lobbyarbeit bei neuen Politikern betrieben, um sie auf Linie zu bringen, und es wurden viele Briefumschläge an Journalisten verschickt, um den Bekanntheitsgrad des CEO und des Unternehmens zu erhöhen.

Auch Wirtschaftsprüfern wurde viel Gastfreundschaft gewährt, um die Notierung an der KOSDAQ bei der externen Prüfung durch Wirtschaftsprüfungsgesellschaften aufrechtzuerhalten.

Aufgrund der verschärften Vorschriften für die externe Rechnungsprüfung führte die Prüfung der Wirtschaftsprüfungsgesellschaft jedoch zu einem uneingeschränkten Bestätigungsvermerk, woraufhin das Unternehmen vom KOSDAQ-Markt genommen wurde.

Das Ausscheiden aus dem KOSDAQ-Markt bedeutete, dass das Unternehmen die Gelder der Investoren nicht mehr für die Beschaffung von zusätzlichem Kapital verwenden konnte. Zu allem Überfluss führten eine Steuerfahndung wegen Veruntreuung und ein Strafverfahren wegen Lobbying-Geldern, die zuvor im Namen des Unternehmens ausgegeben worden waren, de facto zum Konkurs des Unternehmens.

Der Name des Unternehmens ist nur noch eine ferne Erinnerung, aber er war einst so bekannt, dass er als verwandter Suchbegriff zum Suchbegriff Venture erschien.

Doch während der Ruf des Unternehmens so gut war, dass viele der Ingenieure, die dort ihr Handwerk erlernten, später erfolgreich wurden und stolz darauf waren, es ihr Zuhause zu nennen, verkürzten das Fehlen eines praktischen Managements, die Lobbying-Taktiken, die es einsetzte, um zu überleben, und die Unmoral seiner Führungskräfte, die diese Bestechungen und Gefälligkeiten mit einer Arglosigkeit annahmen, die sich mit dem Wandel der Zeiten und dem wachsenden Bewusstsein für Ethik und Moral in der Gesellschaft nicht änderte, seine Lebensspanne.

4. Eine weibliche Präsidentin und ein koreanischer Vorsitzender, die in Japan leben

Wenn man bei einem Finanzinstitut im Kreditgeschäft arbeitet, lernt man manchmal seltsame Unternehmen kennen. Oft weiß man zunächst nicht, warum, aber dann besucht man das Unternehmen oder lernt seinen Vorgänger oder den Verantwortlichen des Unternehmens kennen, und es ergibt einen Sinn.
So geschehen 1997 in Südkorea, als das Land mitten in einer Devisenkrise steckte. In Busan, der zweitgrößten Stadt und dem größten Hafen Südkoreas, gab es viele kleine und mittlere Schiffsreparaturunternehmen, und dieses Unternehmen war eines von ihnen.

Ein Bekannter von mir, der damals bei einem Finanzinstitut in Busan arbeitete, war für die Kreditvergabe zuständig, und eines der Unternehmen, mit denen er zu tun hatte, war ständig mit seinen Zahlungen im Rückstand.
Als er bei der Firma anfing, sagte ihm sein Vorgänger, dass es sinnlos sei, sie zur Zahlung zu ermahnen, und dass sie, wenn er nur lange genug wartete, ihn eines Tages einholen und das gesamte überfällige Kapital zurückzahlen würden.

Er war neugierig auf die Geschichte und beschloss, das Unternehmen kurz nach seiner Ankunft zu besuchen.
Neben dem baufälligen Fabrikgebäude befand sich ein Geschäftsgebäude mit Verwaltungsbüros, darunter das Büro des Geschäftsführers und die Büros der Führungskräfte. Im Büro des Geschäftsführers traf ich die Präsidentin des Unternehmens, und mein erster Eindruck war, dass sie eine sehr schöne Frau Anfang 40 war, mit langen Haaren und starkem Make-up.

Er schien kein normales Leben geführt zu haben und sagte außer einer förmlichen Begrüßung nicht viel, so dass ich eingeschüchtert war und das Büro des CEO nach einer schnellen Tasse Kaffee schnell wieder verließ.
Im Büro des Finanzdirektors unterhielt ich mich mit dem Finanzdirektor des Unternehmens über das Geschäft und erfuhr die Geschichte der Unternehmensgründung.

Der Finanzdirektor des Unternehmens ist der jüngere Bruder des Geschäftsführers und wurde kurz nach der Gründung des Unternehmens zum Finanzdirektor ernannt. Er sagte, er habe noch nie im Finanzwesen gearbeitet, aber der Firmenchef habe ihm misstraut und ihm die Leitung übertragen, weil er ein vertrauenswürdiges Familienmitglied sei.

Sie erzählte mir, dass es einen Herrn mittleren Alters gibt, der nicht offiziell verheiratet ist, aber alle paar Monate Korea besucht. Das Unternehmen nennt ihn den Vorsitzenden, und wenn er zu Besuch kommt, werden alle überfälligen Kredite des Unternehmens zurückgezahlt.

Obwohl der Finanzdirektor dies nicht sagte, hörte er später das Gerücht, dass die Dame eine bekannte Puffmutter in der Unterhaltungsbranche war und dass der Vorsitzende ein koreanischer Unternehmer war, der in Japan lebte und mit dem Verkauf von Spielautomaten in Japan erfolgreich war, und dass er manchmal nach Busan kam, um in dem Salon, in dem die Dame arbeitete, etwas zu trinken, weil er seine Heimat in Korea vermisste.

Er wollte einen Ort in Korea, den er sein Eigen nennen konnte, wie ein Ferienhaus, und sie brauchte einen Job, den sie jedem zeigen konnte, der ihr zuhören wollte.

Ihre Interessen stimmten überein, und sie gründete in Busan ein Unternehmen, dessen Hauptgeschäft die Schiffsreparatur war, und der Vorsitzende finanzierte persönlich den Aufbau und den Betrieb. Wenn der Vorsitzende Korea besuchte, übernachtete er in ihrem Haus und kehrte dann nach Japan zurück.

Da sie jedoch noch nie ein Unternehmen geführt hatte, wusste sie nicht, wie sie ihr Hauptgeschäft, die Schiffsreparatur, betreiben sollte, und betrieb die Fabrik, indem sie gelegentlich Reparaturaufträge von einigen Schiffseignern erhielt, die früher Kunden waren. Da sie jedoch dazu neigt, viel Geld auszugeben, schreibt das Unternehmen seit jeher rote Zahlen, und der Fehlbetrag wird durch Kredite bei Finanzinstituten und das Privatvermögen des Vorsitzenden gedeckt.

Die Unfähigkeit des Unternehmens, mit seinem Hauptgeschäft Gewinne zu erwirtschaften, und die anhaltenden Verluste führten 1997 zu einer Krise, als die südkoreanische Wirtschaft aufgrund einer Devisenkrise in eine Rezession geriet. Trotz der ständigen Zahlungsrückstände war das Unternehmen in der Lage, das gesamte überfällige Kapital nach einem Zeitraum von 2-3 Monaten zurückzuzahlen.

Der ungewöhnliche Geldfluss konnte jedoch nicht ewig anhalten, und nach etwa einem Jahr ging das Unternehmen schließlich in Konkurs.

Obwohl der Konkurs des Unternehmens letztlich durch das schleppende Geschäft in seinem Hauptgeschäftsbereich, der Schiffsreparatur, verursacht wurde, war ein wichtiger Faktor die Verwendung persönlicher Mittel durch den Präsidenten und den Finanzdirektor des Unternehmens, die nicht zwischen Unternehmens- und Privatgeldern unterschieden, sowie die Lösung der unangenehmen Lebensbeziehung zwischen dem Präsidenten und dem Vorsitzenden.

Die finanzielle Lage des Unternehmens verschlechterte sich immer mehr, aber die Präsidentin und die Finanzdirektorin, die die Mittel des Unternehmens privat nutzten, verlangten bei jedem Besuch des Vorstandsvorsitzenden in Korea mehr und mehr Geld, und mit der Zeit wollte der Vorstandsvorsitzende, der durch ihre übermäßigen finanziellen Forderungen belastet war, die Finanzierung und die Beziehung nicht mehr fortsetzen, und das Schicksal des Unternehmens war der Konkurs.

5. eine Weinbar mit einer weiblichen Besitzerin

Ich möchte eine andere Geschichte über eine andere Präsidentin erzählen.
Es gab einen Japaner, der von klein auf in Japan in Fabriken gearbeitet hatte und sein ganzes Leben lang Ingenieur gewesen war. Er wurde Präsident einer Fabrik, die Metallschrott recycelte, und er ergriff zufällig eine Geschäftsmöglichkeit in Korea.

Als er sein Unternehmen in Korea gründete und Mitarbeiter für die Buchhaltung und andere Verwaltungsaufgaben einstellte, stellte er eine Frau mit einer starken Persönlichkeit ein, die einen Abschluss an einer angesehenen koreanischen Musikhochschule gemacht hatte. Sie sprach fließend Japanisch und hatte keine Probleme, sich mit dem japanischen Präsidenten zu verständigen, und obwohl sie ein Musikstudium absolviert hatte, konnte sie ihre Aufgaben mit Hilfe externer Berater zu Beginn des Unternehmens ohne große Schwierigkeiten erfüllen.

Der japanische Chef, der zwischen Japan und Korea hin- und herreiste, um beide Unternehmen zu leiten, begann, sich bei Arbeiten im Zusammenhang mit dem koreanischen Unternehmen auf sie zu verlassen, und sie entwickelten eine enge Beziehung, nicht nur in geschäftlichen, sondern auch in persönlichen Angelegenheiten.

Ihre Beziehung entwickelte sich von Untergebenen zu persönlichen Partnern, zu geschäftsführenden Partnern mit einem Unternehmen in Korea und einem in Japan, und der japanische Chef übertrug die Leitung des koreanischen Unternehmens an die Frau.

Sie wurde zur Geschäftsführerin des koreanischen Unternehmens, und wenn der japanische Präsident nach Korea reiste, übernachtete er oft bei ihr zu Hause und nicht im Unternehmen.
Die Mitarbeiterin konnte den japanischen Präsidenten davon überzeugen, seine Anteile gegen ihre Anteile zu tauschen, da das Wachstum des Unternehmens durch die Beschränkungen eines ausländisch investierten Unternehmens behindert wurde, und sie war nun Eigentümerin und Präsidentin des koreanischen Unternehmens.

Es gab zwar eine Führungskraft, die für das Management zuständig war, aber sie war misstrauisch gegenüber Menschen, so dass sie ihren jüngeren Bruder zum Finanzdirektor ernannte und begann, das Unternehmen zu ihrem Imperium zu machen.

Das Schrottgeschäft war eine Geräteindustrie, die große Anlagen erforderte und außer den Abholgebühren keine nennenswerten Kosten verursachte.

Das Unternehmen hatte jedoch bereits in gewissem Umfang in Anlagevermögen investiert, so dass keine zusätzlichen Kapitalinvestitionen erforderlich waren, und das Unternehmen war rentabel, weil es Schrott aus einem nahe gelegenen Industriekomplex abholte und zu neuen Metallen verarbeitete.

Die Geschäftslage des Unternehmens, die durch das vom japanischen Präsidenten eingeführte Kapitalinvestitionssystem, die Vertriebslinie und das Managementsystem gefestigt worden war, steigerte den Umsatz und den Nettogewinn, als die internationalen Preise für Rohstoffe wie Metalle stiegen.

Als sich der Investitionszeitraum verlängerte, wollten die Investoren, die seit der Gründung des koreanischen Unternehmens des japanischen Präsidenten in das Unternehmen investiert hatten, ihre Investitionsgelder zurückerhalten, und Frau Yeo, die durch die Existenz der frühen Investoren belastet war, plante ein Szenario, in dem diese die Möglichkeit erhalten sollten, ihre Investitionen durch eine Notierung an der KOSDAQ zurückzuerhalten, und die frühen Investoren ersetzt werden sollten.

Sie bereitete die Notierung an der KOSDAQ mit der Absicht vor, externen Investoren die Möglichkeit zu geben, sich zu erholen. Nach mehr als einem Jahr der Vorbereitungen zur Erlangung des Titels eines börsennotierten Unternehmens durch die Benennung eines Wertpapierunternehmens als federführendes Unternehmen erhielten wir von dem federführenden Wertpapierunternehmen, das die KOSDAQ-Prüfung durchführte, die Mitteilung, dass wir die Vorprüfung bestanden hatten.

Während der Vorbereitung auf die Börsennotierung an der KOSDAQ richteten sie und ihr Bruder, der Finanzdirektor, ein geschlossenes System für die Mittel des Unternehmens ein und begannen, die Mittel des Unternehmens für persönliche Zwecke zu verwenden. Niemand wusste jedoch genau, was sie mit dem Geld des Unternehmens taten, da dies im Geheimen über ein geschlossenes System geschah.

Bei einem Treffen mit Freunden in Seoul hörte sie, dass Weinbars in Gangnam im Trend lagen.
Die Nachfrage nach erlesenen Weinen war gestiegen, und der Markt boomte mit gehobenen Weinbars in Gangnam, Seoul, mit edlem Interieur, das den Gästen das Gefühl gab, Teil der Oberschicht zu sein, während sie erlesene Weine tranken.

Durch ihre Beziehung zum japanischen Chef hatte sie ihr eigenes Imperium innerhalb des Unternehmens aufgebaut, aber sie war besorgt, dass ihr Imperium aufhören würde zu existieren, wenn ihre Beziehung zum japanischen Chef zusammenbrechen würde, und so war sie begeistert, eine Weinbar in Gangnam, Seoul, zu eröffnen.

Zusammen mit ihrem jüngeren Bruder, der Finanzdirektor ist, arbeitete sie hart daran, eine Weinbar mit privaten Mitteln und 100 % des Firmenkapitals in ihrem Namen aufzubauen, und eröffnete sie in Gangnam als Aktiengesellschaft mit dem Ziel, in Zukunft an die Börse zu gehen. Als das Unternehmen die Nachricht erhielt, dass es die Vorprüfung für den KOSDAQ bestanden hatte, veranstaltete es eine Feier in der Weinbar.

Die Investoren des Unternehmens und viele seiner Kunden versammelten sich, um ihr zu ihrem Erfolg zu gratulieren und die luxuriöse Einrichtung der Weinbar zu bewundern, die ein Vermögen gekostet hatte.

Das alte Sprichwort "Gute Dinge haben immer schlechte Schwingungen" ist nicht falsch. Die wachsende Zahl von Weinbars in Gangnam begann, das Geschäft der benachbarten Weinbars zu stören, und einige heuerten sogar Leute an, die ihr auf Schritt und Tritt folgten.
Es gab so viele Leute, die auf ihren Erfolg neidisch waren, Leute, die sehr unter ihrem Erfolg litten, und Leute, die ihr den Erfolg nicht gönnten, weil sie sich in ihrem Leben viele Feinde gemacht hatte.

Das erste, was sie taten, war, an die für die KOSDAQ-Bewertung zuständigen Behörden zu schreiben. Da es sich um ein an der KOSDAQ notiertes Unternehmen handelte, hieß es in dem Schreiben, dass die Weinbar gegen die Vorschriften zur Wahrung von Anstand und guten Sitten verstoße. Der Inhalt des Schreibens war jedoch nur schwer als wahr zu erkennen, da die Weinbar nicht unter verbotene Geschäftsaktivitäten wie andere Unterhaltungseinrichtungen oder die chemische Industrie fiel.

Das Schreiben kam jedoch von unerwarteter Seite. Als die KOSDAQ-Prüfungsbehörde erkannte, dass die Weinbar eine Aktiengesellschaft und ein verbundenes Unternehmen des Geschäftsführers des Unternehmens war, das die KOSDAQ-Vorprüfung bestanden hatte, erklärte sie die KOSDAQ-Vorprüfung für ungültig und berief sich dabei auf einen Verstoß gegen die Vorschrift, wonach Unternehmen bei der Beantragung der KOSDAQ-Registrierung alle

Informationen über ihre verbundenen Unternehmen angeben müssen.

Zu der Zeit, als die Geschäftsführerin die Weinbar aufbaute, wussten nur ihr Bruder, der Finanzdirektor, und die Geschäftsführerin aufgrund ihres geschlossenen Fondsmanagementsystems von der Existenz der Weinbar, und die Mitarbeiter, die die KOSDAQ-Zulassung vorbereiteten, wussten nichts von der Existenz der Weinbar, weshalb sie die Weinbar nicht in die Liste der verbundenen Unternehmen aufnahmen.

Letztendlich wurde die Notierung mit der lächerlichen Begründung abgelehnt, dass die Liste der verbundenen Unternehmen nicht eingereicht worden war, und die Pläne des Unternehmens, durch die Notierung an der KOSDAQ zu Ruhm und Reichtum zu gelangen, wurden zunichte gemacht.

Die Investoren, die sich über das Bestehen der KOSDAQ-Vorprüfung gefreut hatten, waren sehr enttäuscht über die unerwartete Ablehnung der KOSDAQ-Notierung und waren empört, als sie erfuhren, dass der Grund für die Ablehnung die Weinbar war, die sie gebaut hatte. Sie setzten sich mit dem japanischen Präsidenten in Verbindung und verlangten die Ablösung des Geschäftsführers und die Rückerstattung ihrer Investition, woraufhin der japanische Präsident nach Korea reiste, um die Situation zu klären.

Als der japanische Präsident Korea besuchte, beschuldigten die Manager des Unternehmens die Präsidentin der Unterschlagung und Veruntreuung, und die enge Beziehung des japanischen Präsidenten zu der Präsidentin endete.

Die Investoren beschuldigten sie der Veruntreuung, des Verrats und anderer

Vorwürfe, und sie wurde in ein Strafverfahren verwickelt, so dass ihr Imperium in den Händen eines anderen lag.

Die Geschäftsbereiche und Einrichtungen, die die japanische Präsidentin in Korea aufgebaut hatte, wurden aufgrund ihrer Gier und der Veruntreuung von Geldern von anderen übernommen.

6. Lobbyismus und Mafiosi, wo hört das auf?

Der Sohn von Herrn Kang und sein Lehrling, Herr Cho, waren immer an seiner Seite, da er in Korea als Handwerksmeister anerkannt war. Herr Cho erlernte das Handwerk von Herrn Kang in jungen Jahren und wurde so geschickt wie sein Mentor, während Herr Kangs Sohn, obwohl er jünger als Herr Cho war, Managementkurse in der Firma besuchte, mit der Absicht, die Nachfolge seines Vaters anzutreten.

Vor seinem Tod bat Herr Kang, ein Meister des Handwerks, seinen Sohn, Geschäftsführer des Unternehmens zu werden, und übertrug ihm 60 % der Anteile. Der Sohn von Herrn Kang erhielt 40 % der Anteile und wurde gebeten, das Unternehmen als Direktor zu leiten.

Nachdem Herr Kang nach langer Krankheit verstorben war, kümmerten sich sein Sohn, Herr Kang, und sein Handwerker, Herr Cho, um das Geschäft und bauten es zu einem Unternehmen mit einem Umsatz von 3 Milliarden Won (etwa 2,2 Millionen Dollar) aus. Aufgrund der Art des Geschäfts, das von den koreanischen Behörden staatlich genehmigt werden muss, brauchten sie jedoch mehr Vertriebskraft.

Herr Cho, der älter und erfahrener war und über mehr technische Fähigkeiten verfügte als Herr Kang, der ein Direktor war, hatte einen Vorteil gegenüber Herrn Kang bei den Verkaufsaktivitäten, was Herrn Kangs Position im Unternehmen schmälerte. Nach dem Tod von Herrn Kang, einem Handwerksmeister, wurde das Unternehmen zwischen seinem Sohn, Herrn Kang, und Herrn Cho, einem Lehrling und Geschäftsführer, aufgeteilt, und Herr Kang war Herrn Cho in jeder Hinsicht unterlegen.

Sogar innerhalb des Unternehmens gab es heftige Auseinandersetzungen zwischen den Anhängern von Herrn Kang und den Anhängern von Herrn Cho, wobei jede Seite die andere in Schach hielt und mit Lob für die Leistungen des anderen geizte.

Einer von Herrn Chos Anhängern war ein sehr talentierter Computerfachmann, der einmal ein großartiges System mit einer von Microsoft entwickelten Sprache entwickelte und vorführte.

Alle Anwesenden lobten seine Programmierfähigkeiten und sagten, dass dieses System für das Unternehmen von Nutzen sein würde, aber Herr Kang, der zu dieser Zeit Direktor des Unternehmens war, weigerte sich, seine Programmierfähigkeiten anzuerkennen, und sagte, dass Bill Gates eine großartige Arbeit geleistet habe.

Der Vorstandsvorsitzende Cho war der Ansicht, dass Herr Kang angesichts seiner Fähigkeiten als Direktor und seiner Beiträge zum Unternehmen nicht hilfreich für die Entwicklung des Unternehmens war und dass seine 40 %ige Beteiligung die Geschäftsentscheidungen von Herrn Cho beeinträchtigte.

Er und seine Gefolgsleute begannen, bei Kang nach Schwächen zu suchen, und stellten fest, dass Kang in der Firma andere Dinge tat, die nichts mit den Geschäften der Firma zu tun hatten.
Nach den internen Regeln des Unternehmens war es eine Frage der Disziplinarmaßnahme, wenn jemand etwas tat, was nichts mit den Geschäften des Unternehmens zu tun hatte.

Die Position von Herrn Kang im Unternehmen wurde immer schwächer, und er dachte an ein anderes Geschäft als Notfallplan, für das er während der Arbeitszeit Daten sammelte.
Um Beweise zu sammeln, installierten die Mitarbeiter von Herrn Cho ein

Überwachungsprogramm auf Herrn Kangs Computer, und zwar zu einer Zeit, als Herr Cho Herrn Kang anrief, um ausführlich über die Geschäfte des Unternehmens zu sprechen. Das Programm zeichnet den Bildschirm jedes Mal auf, wenn sich der Bildschirm von Herrn Kangs Computer ändert, und sendet ihn an einen anderen Computer oder Server.

Die Installation des Programms machte den Mitarbeitern von Herrn Cho klar, dass Herr Kang an anderen Projekten arbeitete, und sie speicherten die aufgezeichneten Bildschirme auf einem USB-Speicher.
Eines Tages rief Herr Cho Herrn Kang am späten Abend in die Fabrik, und als Herr Kang in der Fabrik ankam, befanden sich dort fünf oder sechs kräftige Schläger mit Herrn Cho.
Herr Cho übergab Herrn Kang einen USB-Speicher, auf dem der Computerbildschirm aufgezeichnet war, auf dem Herr Kang recherchiert hatte, um ein weiteres Geschäft zu planen.

Ich habe hier Beweise dafür, dass Sie in der Firma Dinge getan haben, die nichts mit dem Geschäft der Firma zu tun haben, was Sie meiner Meinung nach als Direktor der Firma nicht tun sollten, und das Geschäft, das Sie planen, ist ein Geschäft, das mit dieser Firma konkurrieren könnte, was auch als ein Akt des Verrats gegen die Firma angesehen werden kann. Daher bin ich der Meinung, dass Sie nicht qualifiziert sind, ein Direktor dieses Unternehmens zu sein und disziplinarisch belangt werden sollten.

Wenn Sie alle Ihre 40 % Anteile an dem Unternehmen auf mich übertragen und stillschweigend als Direktor des Unternehmens zurücktreten, werde ich dies als ehrenhaften Rücktritt als Direktor betrachten und Ihr Handeln geheim halten. Wenn Sie jedoch mein Angebot ablehnen, wird Ihnen nicht nur alles genommen, sondern Sie werden auch verschiedene rechtliche Verpflichtungen übernehmen müssen.

Herr Kang, der durch das untypische Verhalten von Herrn Cho, einschließlich seiner harten Nötigung und der Schaffung einer Atmosphäre der Angst durch die robusten Schläger, verwundbar war, erklärte sich bereit, dem Vorschlag von Herrn Cho zuzustimmen, und der Managementstreit zwischen ihnen endete mit dem Sieg von Herrn Cho, da Herr Cho 40 % der Anteile von Herrn Kang erwarb.

Herr Kang, dunkel und gebrechlich, kam nicht mehr zur Arbeit, und niemand im Unternehmen wusste, wo er sich aufhielt.

Herr Cho, der die Diktatur, von der er seit langem geträumt hatte, vollendet hatte, ernannte seine Gefolgsleute zu Schlüsselpositionen im Unternehmen und entfernte die Gefolgsleute von Herrn Kang aus dem Unternehmen.

Er war der Ansicht, dass Lobbyarbeit für das Unternehmen unerlässlich sei, um den Umsatz zu steigern, und dazu benötigte er nicht-staatliche Mittel.

Die Mittel aus den normalen Verkäufen des Unternehmens waren durch Rechtsdokumente abgesichert, und es war schwierig, die für die Lobbyarbeit erforderlichen einmaligen Mittel aufzubringen.
Dienstleistungen nach dem Verkauf wie Wartung, Installation und Kundendienst wurden jedoch oft ohne Unterlagen abgewickelt, und die Techniker wurden oft bar bezahlt, so dass die genauen Einzelheiten der Transaktionen oft nicht bekannt waren. Herr Cho beschloss, die aus diesen Transaktionen stammenden Gelder als Notgroschen zu verwenden.

Wenn die Techniker Zulieferer für Installation, Wartung und Kundendienst besuchten, wurden sie angewiesen, Bargeld zu sammeln und in einem Schließfach aufzubewahren, das dann für die Lobbyarbeit für Projekte verwendet wurde, die von Regierungsbehörden in Auftrag gegeben wurden.

Dank dieser Lobbying-Gelder stiegen die Einnahmen des Unternehmens im Vergleich zum Vorjahr, und das Unternehmen schien stetig zu wachsen. Die Behandlung der Techniker war jedoch schlecht, und das diktatorische Verhalten und die anmaßenden Anweisungen von Herrn Cho wurden immer schlimmer. Er sah ihre harte Arbeit und ihren Einsatz als selbstverständlich an und belohnte sie nicht für das, was sie wert waren.

Er misstraute seinen Mitarbeitern, und wenn er einen verdächtigen Mitarbeiter hatte, löste er seinen Verdacht oft dadurch, dass er einen nahestehenden Mitarbeiter bat, mit dem Mitarbeiter draußen zu sprechen, und dann den Computer des Mitarbeiters durchsuchte, um Nachforschungen anzustellen.
Die Unzufriedenheit der Mitarbeiter mit Herrn Chos Verhalten wuchs, und er ging oft mit ihnen trinken.

Außerdem häuften sich die Fälle, in denen Mitarbeiter zu spät zur Arbeit kamen oder unerlaubt abwesend waren, weil sie betrunken waren. Da es an Technikern mangelt, setzt die Abwesenheit oder das Zuspätkommen eines Technikers die anderen Techniker stark unter Druck, und Herr Cho, der dies nicht übersehen konnte, feuerte Herrn Choi, weil er betrunken und zu spät zur Arbeit kam.

Herr Choi, der Techniker, der an diesem Tag zu spät zur Arbeit kam, versuchte, Herrn Choi zu beschwichtigen, dass dies zu viel sei, aber Herr Choi, der Geschäftsführer, änderte seine Meinung nicht.
Die Entlassung aus seinem Job, den er als lebenslange Karriere betrachtet hatte, hinterließ bei Herrn Choi ein tiefes Gefühl der Verletzung und des Grolls, und bei einer Trinkparty mit anderen Technikern gestand er seinen Groll auf den CEO und schwor, sich an Herrn Choi zu rächen.

Nachdem er seine Rachegedanken gehört hatte, ging ein anderer Techniker nach Hause und erzählte seiner Frau, die für die Buchhaltung zuständig war, wie er sich an Herrn Choi rächen könne, indem er Daten über die außerbilanzielle Tätigkeit des Unternehmens sammelte und das Finanzamt um eine Untersuchung bat.

Der Techniker, der dies für einen vernünftigen Racheplan hielt, erzählte Herrn Choi, der ebenfalls entschlossen war, sich zu rächen, wie er es anstellen sollte, und Herr Choi eilte zum Finanzamt, um die Bargeldbeträge, die er auf seinen Geschäftsreisen erhalten und auf den Offshore-Fonds überwiesen hatte, sowie die entsprechenden Unterlagen und Beweise abzuholen.

Herr Choi traf sich mit einem Vertreter der Beschwerdestelle des örtlichen Finanzamts, aber er war nervös und seine Hände zitterten, was darauf hindeutet, dass er den Druck des Whistleblowings spürte.

Finanzbeamter: Weshalb sind Sie hier?

Herr Choi: Ich möchte eine Steuerprüfung beantragen.

Finanzbeamter: Könnten Sie uns den Namen Ihres Unternehmens und den Grund für Ihren Antrag nennen?

Herr Choi: (schüttelt) Der Name des Unternehmens ist XXXX, und der Grund ist Steuerhinterziehung.

Finanzbeamter: Um welche Art von Steuerhinterziehung handelt es sich denn?

Herr Choi: (zittert stark) Wenn gegen dieses Unternehmen jemals ermittelt wird, werden sie dann wissen, wer die anderen Beschwerdeführer wie ich sind?

Finanzbeamter: Nein, seien Sie versichert, dass wir dafür sorgen werden, dass Ihre Identität und Ihre persönlichen Daten dem Unternehmen niemals bekannt werden.

Herr Choi: Okay, dann danke ich Ihnen. Herr Choi: Ich wurde für die Verkäufe meines Kunden in bar bezahlt, ohne jegliche Unterlagen, und ich habe sie der Firma gebracht. (Hält einen Stapel Papiere hoch) Und das sind die Beweise dafür.

Finanzbeamter: Ja. Wenn sich die Steuerfahndung auf der Grundlage dieser Unterlagen als richtig erweist, wird der hinterzogene Betrag eingezogen und Sie erhalten eine Belohnung von etwa 2 % des hinterzogenen Betrags.

Es ist üblich, dass die Steuerfahndung dem zu untersuchenden Unternehmen im Voraus ein Dokument zusendet, in dem sie über den Zeitpunkt der Steuerfahndung und die Anzahl der beteiligten Personen informiert.

Darüber hinaus prüft das Finanzamt, wenn es einen Antrag auf eine Untersuchung erhält, die Geschichte der Banktransaktionen des Eigentümers und seiner Verwandten bis zum achten Cousin und untersucht die Transaktionen, bei denen der Verdacht auf fehlende Umsätze und Steuerhinterziehung besteht, im Voraus und besucht das Unternehmen, das der Steuerhinterziehung verdächtigt wird, mit den Daten, die den geschätzten Betrag der Steuerhinterziehung berechnen.

Zwei Männer in Anzügen kommen in das Verwaltungsbüro des Unternehmens in einer seiner Fabriken. Einer geht zu Herrn Cho, dem Geschäftsführer, der am weitesten von der Tür entfernt ist, während der andere in der Nähe der Tür steht.
Der Mann, der zu Cho ging, holte ein Dokument heraus, stieß Cho an und sagte. Sie sind doch der Chef, oder? Ich werde von jetzt an eine stichprobenartige Steuerprüfung durchführen. Wer ist der Finanzdirektor und wer ist für die Buchhaltung und das Rechnungswesen zuständig?

Der Mann in der Nähe der Eingangstür ging zum Computer der Mitarbeiterin, die für die Buchhaltung zuständig war, und begann, die Unterlagen auf dem Computer zu kopieren.

Als er sich an Herrn Cho, den Geschäftsführer, wandte, übergab er ihm eine Kopie der Kontobewegungen, die er zuvor bei Herrn Chos Verwandten untersucht hatte, und sagte, dass er fehlende Umsätze und Steuerhinterziehung vermutete.

Nach unserer vorläufigen Prüfung vermuten wir eine Steuerhinterziehung in Höhe von etwa 1,2 Milliarden Won (etwa 900.000 $), und dies ist der Beweis. Bitte überprüfen Sie dies und reichen Sie die entsprechenden Belege bei unserem Finanzamt ein.

Aus Angst vor einer Durchsuchung und der Mitnahme der Bücher warfen die übrigen Angestellten Dokumente, die als Bücher gewertet werden konnten, aus dem Fenster, ohne dass die Mitarbeiter des Finanzamtes dies bemerkten. Obwohl sie behaupteten, im besten Interesse des Unternehmens zu handeln, nahmen die Finanzbeamten die Unterlagen nicht an sich und schienen von dem Vorwurf der Steuerhinterziehung überzeugt zu sein.

Es oblag den Wirtschaftsprüfern der Wirtschaftsprüfungsgesellschaft und den computergeschulten Verwaltungsmitarbeitern, Daten zu extrahieren, die mit dem Kauf in Verbindung gebracht werden konnten, und zu beweisen, dass das Unternehmen nicht der Steuerhinterziehung oder fehlenden Umsätzen ausgesetzt war. Als Ergebnis ihrer Bemühungen wurde der Steuerbetrag auf etwa 1 Milliarde Won (ca. 750.000 $) reduziert, der in Raten über zwei bis drei Jahre hinweg beglichen wurde, wobei die finanzielle Situation des Unternehmens berücksichtigt wurde.

Als das Unternehmen plötzlich eine Rechnung über 1 Mrd. Won an Steuern erhielt, dachten die meisten Mitarbeiter, dass das Schicksal des Unternehmens besiegelt sei.

Nach mehr als einem Jahr meldete das Unternehmen Konkurs an, und Cho trat als CEO zurück.

Cho war jedoch der Meinung, dass die Steuerfahndung sein Geschäft zerstört hatte, und er misstraute Choi, der etwa zur gleichen Zeit wie ein Kunde wegen der Steuerfahndung aus dem Unternehmen entlassen worden war.

Durch seine Verbindungen in der Branche gelang es Herrn Cho, ihn auf eine schwarze Liste zu setzen und ihn daran zu hindern, einen Job in der Branche zu bekommen, und Herr Cho war gezwungen, in eine andere Branche zu wechseln.

7. Herr Präsident, Sie müssen zwischen öffentlichen und privaten Unternehmen unterscheiden, nicht wahr?

Herr Han hatte sein Leben seit seiner Kindheit als Techniker verbracht und Maschinen in schmierigen Fabriken bedient. Er war bekannt für seine menschenfreundliche und alkoholische Art, und er hatte viele enge Freunde. Eines Tages beschloss er, seinen Job zu kündigen und sein eigenes Unternehmen zu gründen, und er stellte einige seiner ehemaligen Kollegen als Mitarbeiter ein. Das Verhältnis zwischen ihm und den Junioren war immer gut, denn Herr Han war für seine Freundlichkeit bekannt.

Wenn seine Mitarbeiter jedoch Geld brauchten, baten sie Herrn Han oft um einen Vorschuss, anstatt auf ihren regulären Zahltag zu warten. Sie baten Herrn Han um Summen wie 1 Million Won (ca. 750 $) oder 500.000 Won (ca. 370 $), um die Krankenhausrechnungen ihrer Eltern oder das Schulgeld für ihre Familie zu bezahlen. Obwohl Herr Han der Präsident des Unternehmens war, betonten sie ihre persönliche Beziehung, indem sie den Titel "älterer Bruder" verwendeten.

Herr Kim, der ihn ebenfalls als älteren Bruder bezeichnete, bat um zusätzliche 5.000.000 Won (etwa 3.700 $), um die Arztrechnungen seiner Mutter zu bezahlen. Das Unternehmen war klein und verfügte nicht über die üblichen Leistungen wie ein Sozialsystem, aber es gab keine Vorschrift, die besagte, dass er das Geld nicht zurückzahlen musste.

Herr Kim: Bruder, ich möchte mit Ihnen über die Krankenhausrechnung meiner Mutter sprechen.
Herr Han: Was ist denn los? Wie steht es um die Gesundheit Ihrer Mutter?
Herr Kim: Bruder, es gibt eine Situation, in der meine Mutter ins Krankenhaus muss, und unsere Familie ist derzeit nicht in der Lage, die Kosten dafür zu tragen, also würde ich gerne um eine Beihilfe bitten.
Herr Han: Das ist wirklich bedauerlich. Wie viel wird die Behandlung Ihrer Mutter kosten?

Herr Kim: Es wird erwartet, dass sie etwa 5 Millionen Won (etwa 3.700 $) kostet. Meine Familie ist der Meinung, dass es das Beste für meine Mutter ist, wenn sie bald wieder gesund wird, und es wäre eine große Hilfe, wenn Sie das finanzieren könnten.
Herr Han: (Ruft Herrn Lee, den Buchhalter) Heben Sie 5.000.000 Won von der Bank ab und geben Sie Frau Kim hier 5.000.000 Won.
Herr Lee: Herr Präsident, wir müssen die Verfahren und Details überprüfen und

eine interne Diskussion führen.

Herr Han: Der CEO genehmigt und weist mich an, also brauche ich keine Verfahren oder Details. Heben Sie einfach das Geld von der Bank ab und geben Sie es Frau Kim.

Um die guten Beziehungen zu seinen alten Bekannten aufrechtzuerhalten, konnte Herr Han ihre Forderungen nicht ablehnen und bezahlte sie jedes Mal trotz ihrer Hartnäckigkeit. Das Problem ist jedoch, dass dieses Geld nicht ihm gehört, sondern dem Unternehmen.

Nach etwa einem Jahr dieses Verhaltens wusste das Unternehmen nicht mehr, wie viel Geld es den Mitarbeitern schuldete, weil es unterbesetzt war und die Übergabe oft nicht ordnungsgemäß erfolgte.

Als das Unternehmen wuchs, verglich der neu ernannte Finanzdirektor den tatsächlichen Buchwert mit dem an das Finanzamt gemeldeten Buchwert und stellte eine Differenz von etwa 200 Millionen Won fest, die er dem Vorstandsvorsitzenden, Herrn Han, mitteilte.

Herr Han meinte jedoch, es sei unklar, wer den Betrag, der sich seit langem angesammelt hatte, erhalten solle und wie er ihn jetzt erhalten könne, so dass er sagte, er werde dafür sorgen, dass dies in Zukunft nicht mehr vorkomme, und er werde die Differenz zwischen den tatsächlichen Büchern und den Büchern verringern.

Dem neuen Finanzdirektor, der die Diskrepanz von 200 Mio. Won (ca. 150.000 $) mit Hilfe der traditionellen segmentierten Buchführung ausglich, gelang es nach mehr als einem Jahr Arbeit, die Lücke durch Änderungen im Inventarvermögen, bei den Arbeitsausgaben für nicht arbeitende Angestellte und durch den Erhalt von steuerlich zulässigen Bareinnahmen zu schließen.

Die Beschwerden und Zahlungsaufforderungen der Beschäftigten gingen jedoch weiter, und die Differenz zu den tatsächlichen Büchern wuchs auf etwa 100 Millionen Won (ca. 75.000 $) an. Darüber hinaus war die Arbeitsfähigkeit von Mitarbeitern, die auf Wunsch von Bekannten eingestellt wurden, ein Problem.

In einem Fall wurde eine Mitarbeiterin für die Verwaltungsabteilung eingestellt, die behauptete, die Tochter eines Bekannten zu sein, sich aber als Nonne, als Mönch einer buddhistischen Sekte, herausstellte. Das Problem war, dass sie mehr als zehn Jahre lang in den Bergen gelebt hatte, isoliert von der Gesellschaft, und nicht in der Lage war, einen Computer zu benutzen oder einfache Geräte wie einen Geldautomaten zu bedienen.

Als sie zur Bank ging, um Geld abzuheben, kam sie mit leeren Händen zurück, weil sie den Geldautomaten nicht bedienen konnte, und ihr Computer stürzte nach dem Hochfahren ab, weil sie die Tastatur falsch bediente. Aufgrund des Personalmangels des Unternehmens war es nicht möglich, eine ordnungsgemäße Schulung durchzuführen, so dass sie nach einer dreimonatigen sozialen Anpassungsschulung aus dem Unternehmen entlassen wurden.

In einem Fall wurden zwei vietnamesische Arbeiter mit Hilfe des südostasiatischen Arbeitskräfteunterstützungssystems derselben Branche eingestellt, um einen Arbeitskräftemangel zu beheben, aber ein koreanischer Techniker, der Herrn Han, dem Geschäftsführer, nahe stand, griff sie an.

Als die vietnamesischen Arbeiter aus Vietnam nach Korea kamen, aßen sie nicht gut, weil das von der koreanischen Firma bereitgestellte Essen nicht ihrem Geschmack entsprach, so dass ein koreanischer Techniker sie in den Hinterhof der Fabrik brachte und sie verprügelte. Auf die Frage nach dem Grund für den Überfall antwortete der koreanische Techniker, die vietnamesischen Arbeiter hätten absichtlich nichts gegessen. Er behauptete, sie seien zu schwach zum Arbeiten, weil sie nichts gegessen hätten, und er gehe davon aus, dass sie nicht arbeiten würden.

Er rechtfertigte seinen Angriff damit, dass er in der Vergangenheit mit Arbeitern aus Südostasien zusammengearbeitet habe und dass diese auf diese Weise eine Menge Arbeit verrichteten und behaupteten, die Idee sei gewesen, einen Lohnscheck zu kassieren, ohne Arbeit zu leisten.

Als Reaktion auf diesen Vorfall ergriff Herr Han, der Geschäftsführer, keine Maßnahmen, wie z. B. interne Disziplinarmaßnahmen oder eine Anzeige, und behauptete, dass es bei der Arbeit in der Fabrik zu verschiedenen Konflikten zwischen den Beschäftigten kommen könne und dass der koreanische Techniker, der ihn angegriffen habe, dies zum Wohle des Unternehmens getan habe und begraben werden sollte.
Die beiden vietnamesischen Arbeiter, die angegriffen wurden, waren jedoch enttäuscht von der lauwarmen Reaktion des Unternehmens und verschwanden noch in der Nacht.

Herr Han, der im Industriepark den Ruf eines guten Menschen hatte, begann, den Umsatz des Unternehmens durch aktive Verkaufsaktivitäten zu steigern und erwarb ein kleines Unternehmen mit 9-10 Mitarbeitern, um zusätzliche Produktionskapazitäten zu sichern.

Nach der Übernahme veranstaltete das Unternehmen ein Abendessen zur Begrüßung der neuen Mitarbeiter und zur Harmonisierung mit den bestehenden Mitarbeitern. Nach der Arbeit grillten etwa 20 Personen, darunter etwa 10 bestehende Mitarbeiter und 10 Mitarbeiter des neu erworbenen Unternehmens, Fleisch und tranken Soju in einem Restaurant in der Nähe der Fabrik.

Einer der bisherigen Mitarbeiter und einer der Mitarbeiter des neu erworbenen Unternehmens gerieten in einen Streit, aber niemand konnte sie aufhalten, und die Atmosphäre war unerwartet angespannt.

Plötzlich wurde der neue Angestellte wütend und versetzte dem alten Angestellten einen Schlag, wodurch dessen Körper zur Seite kippte und auf den Grill fiel, auf dem das Fleisch gegrillt wurde. Das Feuer griff auf den Rücken des gefallenen Mitarbeiters über, und die Leute versuchten, ihm auf die Beine zu helfen, aber sein Rücken war bereits verbrannt.

Nachdem er von einem neuen Mitarbeiter unprovoziert angegriffen worden war, rächte sich einer der vorhandenen Mitarbeiter und stach mit einer Schere, die zum Schneiden von Fleisch verwendet worden war, auf den Angreifer ein, wobei zwei Personen verletzt wurden.

Inmitten des Chaos verständigten die nüchternen Mitarbeiter ein nahe gelegenes Krankenhaus und riefen einen Krankenwagen, und der Geschäftsführer und der Finanzdirektor mussten in den frühen Morgenstunden zum Krankenhaus eilen, um den Vorfall zu untersuchen.

Die Opfer forderten nachdrücklich, dass der andere Mitarbeiter disziplinarisch und strafrechtlich verfolgt wird und dass die Entschädigung durch das staatlich versicherte Arbeitnehmerentschädigungsprogramm gezahlt wird.

Der Vorstandsvorsitzende, dem die Nähe und Bindung zu den bestehenden Mitarbeitern wichtiger war als die Auseinandersetzung mit den Umständen und Ursachen des Vorfalls, legte den Fall jedoch bei, indem er den Forderungen der bestehenden Mitarbeiter statt den Forderungen der neu hinzugekommenen Mitarbeiter zustimmte.

Daraufhin verließen die meisten Mitarbeiter des neuen Unternehmens das Unternehmen, und obwohl das Unternehmen ein kleineres Unternehmen in derselben Branche erwarb, konnte es wichtige Techniker nicht halten.

Enttäuscht darüber, dass Herr Han seinen ehemaligen Mitarbeitern Vorrang einräumte, verließ der Finanzdirektor das Unternehmen.

Durch die beschleunigte Abwanderung von Mitarbeitern, die für das Wachstum und die Entwicklung des Unternehmens benötigt wurden, blieben dem Unternehmen nur einige wenige Mitarbeiter, die Herrn Han nahe standen. Viele der neu eingestellten Mitarbeiter hielten nicht lange durch, da es zu Konflikten mit diesen Mitarbeitern kam, und das Unternehmen wurde dafür bekannt, dass es eine der höchsten Fluktuationsraten im nahe gelegenen Industriepark aufwies.

Aufgrund des chronischen Mangels an Technikern konnte das Unternehmen die Lieferfristen im Vergleich zu den aktiven Verkäufen oft nicht einhalten, und die mangelnde Kontrolle von Herrn Han über seine Mitarbeiter führte zu einem ernsthaften Abfluss von Mitteln, so dass das Unternehmen nicht mehr wuchs und zu schrumpfen begann.

Als Zulieferer für große Unternehmen erhielt das Unternehmen zwar viele Aufträge, konnte aber wegen des Mangels an Technikern die Lieferfristen oft nicht einhalten und wurde von der Branche auf die schwarze Liste gesetzt.
Da es keine neuen Mitarbeiter gab, die das Unternehmen in die Zukunft führen konnten, und sich die finanzielle Lage verschlechterte, meldete Herr Han Konkurs an und trat als Geschäftsführer zurück.

Obwohl Herr Han persönlich keine Gelder veruntreute und als CEO hart arbeitete, nutzten seine jüngeren Mitarbeiter, die ihm wichtig waren, ihn aus, und als sich die Lage des Unternehmens verschlechterte, zogen sie es vor, zu anderen Unternehmen zu wechseln, um ihren Lebensunterhalt zu verdienen.

Trotz des guten Willens von Herrn Han kamen seine jüngeren Mitarbeiter, die ihm die Schuld am Konkurs des Unternehmens gaben, nie zu ihm zurück.

8 Gescheiterte Investition in eine ausländische Einheit

In Korea gibt es ein Sprichwort: Wenn dein Cousin Land kauft, tut es dir im Magen weh.

Wenn jemand, den man als Konkurrenten sieht, erfolgreich wird, hat man das Gefühl, genauso erfolgreich sein zu müssen, und das kann zu übermäßigen Investitionen führen. Es kann auch zu emotionalen Entscheidungen führen.

Als Herr Chun, ein Selfmade-Unternehmer, sah, dass Herr Hong, den er in Bezug auf die Unternehmensgröße als Konkurrenten betrachtete, ein großes Gebäude in Vietnam gebaut hatte und in den Medien präsent war, wurde er ehrgeizig, mit seinem Unternehmen in Vietnam den gleichen Erfolg zu erzielen.

Es gab eine Zeit, in der Südkorea mit der Illusion des Erfolgs massiv in Vietnam investierte. Als die praktischen Ergebnisse der Investitionen in China nicht die Ergebnisse brachten, die sich koreanische Unternehmen erhofft hatten, und zwar aufgrund von Beschränkungen bei der Rückführung von Gewinnen, strengeren Vorschriften für Arbeitnehmer, höheren Arbeitskosten und der Verschärfung der Beschränkungen für ausländische Unternehmen durch die chinesische Regierung, wurde Vietnam eine beliebte Alternative.

Insbesondere ist Vietnam ein konfuzianisches Land mit einem ähnlichen kulturellen Hintergrund wie Korea, und das hohe Wachstum in Vietnam wurde als ähnlich angesehen wie das hohe Wachstum in Korea in den 70er und 80er Jahren. Nachdem sie den Wachstumsprozess in Korea in den 70er und 80er Jahren miterlebt hatten, dachten sie, dass sie großen Erfolg haben würden, wenn sie ihre Erfahrungen in Korea auf Vietnam übertragen könnten.

Wenn sich die koreanischen Erfahrungen in Vietnam wiederholen würden, so glaubten sie, würden diejenigen, die diese Zeit erlebt haben, wissen, wie sie das Risiko durch Investitionen in die Zukunft Vietnams verringern können.

Es bestand jedoch auch die Ungewissheit, wann die Rückführung und Ausschüttung von Gewinnen, die von ausländischen Unternehmen erwirtschaftet wurden, eingeschränkt oder reguliert werden würde, wie z. B. die Beschränkungen der malaysischen Regierung für fahrlässige Überweisungen an Ausländer während der Devisenkrise von 1997, die Südostasien, einschließlich Thailand, Indonesien, Malaysia und die Philippinen, traf.

In Vietnam war das politische Risiko sogar noch größer, da das Land immer noch eine staatlich geführte Wirtschaft ist und die Kommunistische Partei immer noch an der Macht ist.

Inspiriert von Herrn Hongs Erfolg in Vietnam suchte Herr Chun sofort nach Investitionsmöglichkeiten in diesem Land und wurde mit einem Unternehmen in koreanischem Besitz bekannt gemacht. Aufgrund der strengen vietnamesischen Beschränkungen für ausländische Investitionen musste Cheon jedoch einen indirekten Weg einschlagen, indem er ein Papierunternehmen gründete und eine singapurische Gesellschaft einschaltete, um die Beschränkungen zu umgehen.

Da er keine Erfahrung mit Auslandsinvestitionen hatte, gründete Herr Chun mit einer Beratungsfirma, die sich um die Gründung in Singapur kümmerte, ein Papierunternehmen in Singapur und unterzeichnete einen Vertrag über den Erwerb des vietnamesischen Unternehmens durch dieses Unternehmen.
Die Überprüfung des Wechsels des Mehrheitsaktionärs und der Lizenzen in Vietnam wurde jedoch erst nach mehr als einem Jahr genehmigt, und in der Zwischenzeit fielen die Fixkosten des Unternehmens in Singapur weiter an.

Nach anderthalb Jahren war das Verwaltungsverfahren in Vietnam abgeschlossen, und Herr Chun, der es sich nicht leisten konnte, Personal in den vietnamesischen Betrieb zu entsenden, wurde von dem Südkoreaner, der es ihm verkauft hatte, mit der Leitung des Unternehmens betraut.

Obwohl die Lohnkosten für vietnamesische Arbeitnehmer erheblich niedriger waren als in Korea, konnten die niedrigeren Lohnkosten nicht auf die in Vietnam arbeitenden Koreaner übertragen werden, und der koreanische Geschäftsführer musste fast die Hälfte der Lohnkosten des vietnamesischen Unternehmens bezahlen. Außerdem musste das Unternehmen für die

Unterkunft des Geschäftsführers und andere Ausgaben aufkommen.

Dennoch gab es keine Alternative, da es viel billiger war, als einen anderen Koreaner nach Vietnam zu schicken oder einen koreanischen Geschäftsmann in Vietnam zum Geschäftsführer zu ernennen.

Der koreanische Geschäftsmann hatte das Unternehmen verkauft, als es unrentabel wurde und er nicht in der Lage war, eine Vision für die Zukunft zu entwickeln, also verkaufte er es, um seine Investition zurückzugewinnen und ein anderes Geschäft zu betreiben. Außerdem hatte er ehrgeizige Pläne, in andere Bereiche wie den Immobiliensektor zu expandieren.

Der einheimische Geschäftsführer, der seit vielen Jahren in Vietnam tätig war, hatte sich nicht geirrt, und das Unternehmen schrieb auch nach der Lizenzerteilung weiterhin rote Zahlen.

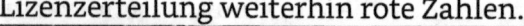

Die Fixkosten des Unternehmens blieben unverändert, und die Zentrale in Südkorea, die keine zuverlässige Person nach Vietnam entsenden konnte, musste sich auf die Telekommunikation verlassen, um die Situation vor Ort zu verstehen.

Anders als in Südkorea, wo die Unternehmen daran gewöhnt sind, ihre Ausgaben mit Karten abzuwickeln, werden in Vietnam die Ausgaben immer noch in bar bezahlt. Dies führte zu einem Mangel an Transparenz bei den Ausgaben des Unternehmens und sogar zu Fällen, in denen Personen mit dem Bargeld des Unternehmens flüchteten.

Der örtliche koreanische Vertreter, der wusste, dass die koreanische Zentrale keine anderen Möglichkeiten hatte, stellte verschiedene Forderungen an Herrn Chun, wie z. B. die Auszahlung von Geldern, Darlehen und die Registrierung als Angestellter der koreanischen Zentrale, und Herr Chun lehnte die Forderungen des örtlichen vietnamesischen Vertreters rundheraus ab.

Es wurde auch festgestellt, dass der für die Ausgaben des Unternehmens zuständige Mitarbeiter Parkgebühren von Besuchern einkassiert und an seinen Chef gezahlt hatte, obwohl das Unternehmen diese angeblich nicht in Rechnung stellte.

Der koreanische Hauptsitz des Unternehmens, der die Situation vor Ort nicht kannte, hatte jedoch Schwierigkeiten, Echtzeitinformationen über Vietnam einzuholen, bis es zu spät war, und entließ den für diesen Vorfall verantwortlichen Mitarbeiter.

Die Veruntreuungen dieser Mitarbeiter gingen weiter, aber die koreanische Zentrale war nicht in der Lage, Kontrollen einzurichten, da es schwierig war, andere Koreaner in die Region zu entsenden, und sie es sich nicht leisten konnte, ein internes Kontrollsystem einzuführen und zu betreiben.

Das Unternehmen versuchte, den Absatz durch verschiedene Marketingmaßnahmen zu steigern, aber die Umsätze stiegen nicht und die Ausgaben sanken nicht.
Als sich das Defizit des Unternehmens weiter anhäufte, wurde Vietnam von einer Coronavirus-Pandemie heimgesucht, die das Unternehmen zwang, seinen Betrieb einzustellen.

Lokale Regierungen in Vietnam, die nicht über ausreichende Mittel für den Kauf von Impfstoffen verfügten, besuchten ausländische Unternehmen und zwangen sie zu freiwilligen Spenden, und einige Unternehmen kooperierten mit freiwilligen Spenden, da sie Vergeltungsmaßnahmen der lokalen Regierungen fürchteten, wenn sie sich weigerten zu zahlen.

In dieser Situation schickte Herr Chun, der sich mit unangemessenen Forderungen des koreanischen Geschäftsführers konfrontiert sah, Herrn Yang, den Leiter des Teams für Auslandsgeschäfte eines von der koreanischen Zentrale erworbenen verbundenen Unternehmens, nach Vietnam und bat ihn, als Geschäftsführer der örtlichen Tochtergesellschaft in Vietnam zu fungieren.

Da er jedoch keine Kenntnisse über Vietnam und keine Geschäftserfahrung hatte, erwartete niemand, dass Herr Yang in der Lage sein würde, seine Rolle als CEO zu erfüllen. Nachdem er die Rolle des CEOs übernommen hatte, besuchte

Herr Chun das vietnamesische Unternehmen, um sich ein Bild von dessen Arbeitsweise zu machen. Herr Yang, der ihn auf dieser Reise begleitete, fuhr ihn durch Vietnam, um ihm die Gegend zu zeigen.

Während der Fahrt hatte Herr Chun aufgrund des heißen Wetters in Vietnam Durst, so dass er sich die Palmsaftverkäufer außerhalb des Fahrzeugs ansah und mehrmals sagte, dass er Palmsaft trinken wolle.
Herr Yang hielt das Fahrzeug an, bezahlte mit seinem eigenen Geld etwa 2 \$, kaufte einen Palmsaft und brachte ihn Herrn Chun. Nachdem ihm der Palmsaft gereicht wurde, wurde Herr Chun plötzlich sehr wütend und sagte.

Sie führen Ihr vietnamesisches Geschäft so nachlässig, dass Sie nicht aus den roten Zahlen herauskommen. Ich habe vorhin aus dem Fenster geschaut und eine Menge 1-Dollar-Saft gesehen, aber jetzt kaufst du 2-Dollar-Saft, also kannst du sehen, wie viel Geld du verschwendest.

Mit diesen Worten belehrte Chun Yang etwa 10 Minuten lang am Straßenrand in Vietnam, wo das Auto angehalten wurde.
Zurück im Büro schimpfte er mit ihr über ein einseitiges Dokument, das er im Büro gefunden hatte.

"Sehen Sie sich den Inhalt dieses Dokuments an. Es geht um die Vorschriften des Unternehmens, und es gibt so viele Rechtschreib- und Tippfehler. Allein daran kann ich erkennen, wie schlecht Ihre Arbeitsfähigkeiten und Kenntnisse sind.

Herr Yang protestierte, dass er einen vietnamesisch-koreanischen Dolmetscher gebeten hatte, die in Vietnamesisch verfassten internen Vorschriften ins Koreanische zu übersetzen, nachdem er CEO der vietnamesischen Tochtergesellschaft geworden war, und dass er die Tipp- und Rechtschreibfehler stehen ließ, weil er der einzige Koreaner im Unternehmen war und nur er sie verstehen musste, aber Herr Chun wies dies als Entschuldigung zurück.

Als sich die Schließung, die nur ein paar Monate dauern sollte, hinzog, begann die koreanische Zentrale vorzuschlagen, dass sich das Unternehmen aus Vietnam zurückziehen sollte. Angesichts der sich häufenden Verluste und der fehlenden Hoffnung auf eine künftige Verbesserung schien es immer wahrscheinlicher, dass das Geschäft in Vietnam zum Scheitern verurteilt war.

Als sich das Defizit durch zusätzliche Ausgaben auftürmte, stellte die koreanische Zentrale die Zahlung der vierteljährlichen Miete ein, und die Mahnschreiben des Vermieters häuften sich.

Da Herr Chun nicht zugeben wollte, dass seine Investition gescheitert war, suchte er nach einem Durchbruch, indem er über sein Geschäft in Vietnam nachdachte und sich mit seinen Kontakten traf. Er ließ sich von einem Bekannten verführen, der ihm von einem Landentwicklungsplan in einem nahe gelegenen Gebiet erzählte, und beschloss, sich an dem Projekt zu beteiligen, das mehr als 1 Million US-Dollar kosten würde, und wies seine Mitarbeiter an, ein Angebot für das Projekt vorzubereiten.

In Vietnam ist Land im Allgemeinen Eigentum des Staates, und es ist möglich, Land auf der Grundlage einer langfristigen Pacht zu erschließen. Wenn das Land gepachtet wäre, würde das Unternehmen beispielsweise ein Gebäude auf dem freien Grundstück errichten, einen langfristigen Pachtvertrag über 40 Jahre abschließen und es dann an den Pächter zurückverpachten.

Die Praktiker, die darauf bestanden, das Geschäft in Vietnam abzuwickeln, drängten Herrn Chun immer wieder, zu überdenken, ob es klug sei, nach den bisherigen Verlusten eine weitere Million Dollar oder mehr in das Entwicklungsprojekt in Vietnam zu investieren, und führten schließlich dazu, dass Herr Chun das Entwicklungsprojekt aufgab.

Die Miete für den vietnamesischen Standort war immer noch im Rückstand, und es war nicht bekannt, welche Maßnahmen der Vermieter ergreifen würde, wenn der Zahlungsverzug anhielt, da der Vermieter einer Organisation angehörte, die enge Verbindungen zum vietnamesischen Militär unterhielt.

Die vietnamesischen Mitarbeiter vor Ort warnten, dass sie von vietnamesischen Banden bedroht und angegriffen werden könnten, und die Kaution, die sie an den Vermieter gezahlt hatten, war nach Abzug der überfälligen Miete fast weg.

Als Herr Yang Herrn Chun von der Situation berichtete, riet dieser ihm nur, die Sache mit dem Vermieter gütlich zu regeln.

In dieser verzweifelten Situation wies Herr Chun Herrn Yang plötzlich an, einen Brief an den Vermieter zu schicken und ihn zu bitten, ihm den Betrag mitzuteilen, den der Vermieter für die langfristigen Pachtrechte an dem von dem lokalen vietnamesischen Unternehmen gepachteten Grundstück zu zahlen gedenkt.

Der Vermieter verstand nicht, warum ein Unternehmen, das mit seiner Miete im Rückstand war, die langfristigen Pachtrechte für ein Grundstück kaufen wollte, das mehr Geld kosten würde, und hielt dies für einen schmutzigen Trick, um die Maßnahmen zu verzögern, die er gegen den Mieter ergreifen konnte, z. B. Strom- und Wasserabschaltungen.

Der Vermieter stellte Herrn Yang, der das vietnamesische Geschäft unter Einsatz seines Lebens leitete, ein Ultimatum und forderte ihn auf, innerhalb einer vom Vermieter gesetzten Frist auszuziehen, einschließlich Strom- und Wasserabschaltungen.

Als Herr Yang Herrn Chun darüber informierte, teilte dieser ihm mit, dass er nicht tatenlos zusehen könne, wie der Vermieter das von der vietnamesischen Tochtergesellschaft errichtete Gebäude benutze, und wies ihn an, herauszufinden, wie viel es kosten würde, das Bürogebäude abzureißen.

Herr Yang verstand nicht, warum das Unternehmen die zusätzlichen Kosten für den Abriss des Gebäudes auf sich nehmen sollte, wenn das aufgelaufene Defizit so groß war und es billiger wäre, einfach auszuziehen, aber er hatte keine andere Wahl, als den Anweisungen von Herrn Chun zu folgen.

Über seine vietnamesischen Kontakte fand Herr Yang ein Abbruchunternehmen, das ihm anbot, das Gebäude fast kostenlos abzureißen, unter der Bedingung, dass es den Metallschrott, die Abfälle usw. nach dem Abriss mitnehmen würde.

Herr Yang unterzeichnete einen Vertrag mit dem Unternehmen und begann mit den Abrissarbeiten am Tag des geplanten Abrisses. Als der Abriss beginnen sollte, stürmte jedoch eine Gruppe von Personen in das Unternehmen, und es kam zu einer körperlichen Auseinandersetzung zwischen ihnen und dem Abriss-Team, so dass der Abriss gestoppt wurde.

Der Vermieter, der das Gebäude so belassen wollte, wie es war, hatte Leute geschickt, um die Abrissarbeiten zu verhindern, und das Abrissunternehmen setzte Herrn Yang unter Druck, um Schadenersatz für die Nichterfüllung des Vertrags zu fordern.

Einheimische in Vietnam rieten Herrn Yang, so schnell wie möglich nach Südkorea zu fliehen, da er sowohl vom Vermieter als auch vom Abrissunternehmen bedroht würde.

Da er um sein Leben fürchtete, floh Herr Yang noch in derselben Nacht aus Vietnam und kehrte nach Korea zurück.

Glücklicherweise wurde ein Teil des Bargelds auf dem Bankkonto des vietnamesischen Unternehmens an eine Papierfirma in Singapur überwiesen, und die vietnamesischen Arbeiter wurden im Voraus über den Konkurs des Unternehmens informiert, so dass es keine weiteren Opfer gab, aber es blieb nur wenig übrig, was im Rahmen der Liquidation wiederhergestellt werden konnte.

9. Neben dem Chef ist auch die Frau des Chefs der Vorsitzende

Herr Bang, der in Südkorea notleidende Unternehmen erwirbt, sie umstrukturiert und dann verkauft oder an die Börse bringt, um seine Investitionen wieder hereinzuholen, stieß auf einen Medienartikel über den Verkauf eines Unternehmens im Wert von 1 Billion Won (752 Millionen Dollar).

Er erkundigte sich bei anderen Unternehmen der Branche, ob deren Hauptaktionäre zum Verkauf bereit waren, und stellte fest, dass eines der vier oder fünf größten Unternehmen dies war.

Das Unternehmen mit einem Wert von 1 Billion Won war der Marktführer, und das Unternehmen auf den Plätzen 4 bis 5 war für rund 10 Milliarden Won (7,5 Millionen Dollar) zu erwerben.

Obwohl das führende Unternehmen und das zum Verkauf stehende Unternehmen in Bezug auf den Umsatz und andere wirtschaftliche Indikatoren nicht vergleichbar waren, entschied Herr Bang, dass der Wert des Unternehmens sehr günstig war, also sammelte er Investoren und begann, das Unternehmen zu erwerben.

Nachdem er die Investoren überzeugt und den Übernahmeprozess geleitet hatte, gelang es Herrn Bang, eine gütliche Einigung mit dem Mehrheitsaktionär des Unternehmens zu erzielen, der das Unternehmen lieber früher als später verkaufen wollte, und er unterzeichnete einen Management-Buyout-Vertrag.

Da Herr Bang jedoch weder über Erfahrung noch über Branchenkenntnisse verfügte, ernannte er Herrn Kim, einen Bekannten, der als CEO eines ähnlichen Unternehmens tätig gewesen war, zum CEO und stellte Herrn Lee, einen Wirtschaftsprüfer und leitenden Angestellten eines Finanzinstituts, als Vizepräsidenten ein.

Herr Kim, der zum CEO ernannt wurde, war nach außen hin sanftmütig und höflich, aber er war autoritär und mochte es, als solcher behandelt zu werden. Er ging davon aus, dass Herr Lee, der jüngere Vizepräsident, von Herrn Bang geschickt worden war, um ihn im Auge zu behalten, und nahm daher an, dass er für den Bereich Geld oder Verwaltung zuständig war.

Andererseits war Herr Lee, der Vizepräsident, sehr enttäuscht darüber, dass der CEO, Herr Kim, nur in seinem Zimmer Genehmigungsdokumente unterzeichnete und keine Anstrengungen nach außen unternahm, so dass er Herrn Kim bat, in die Verkaufsräume zu gehen, aber Herr Kims Antipathie gegenüber Herrn Lee vertiefte den Konflikt nur.

Fast ein Jahr nach der Übernahme ging es mit der Leistung des Unternehmens bergab, der ehrgeizige PR-Plan des Vizepräsidenten wurde als Geldverschwendung kritisiert, und das Ausscheiden von wichtigen Vertriebs- und Managementmitarbeitern führte zu einer ernsthaften personellen Lücke.

Freiberufler wurden eingestellt, um kurzfristig die Brände zu löschen, aber die ständige Fluktuation des Personals bedeutete, dass die Übergaben nicht reibungslos verliefen und es häufig zu Konflikten zwischen alten und neuen Mitarbeitern kam.

Herr Bang rief von Zeit zu Zeit den Vorstandsvorsitzenden Kim und den stellvertretenden Vorstandsvorsitzenden Lee an, um sich über die Lage des Unternehmens zu informieren, aber sowohl Kim als auch Lee gaben sich gegenseitig die Schuld an der sich verschlechternden Leistung des

Unternehmens. Da er ihren Berichten nicht trauen konnte, beschloss Herr Bang, dass die Person, der er am meisten vertrauen konnte, seine Frau war, und so ernannte er seine Frau Jin zur Rechnungsprüferin des Unternehmens, um die Richtigkeit ihrer Berichte zu überprüfen.

Frau Jin, die Ehefrau von Herrn Bang, war eine Hausfrau, die nach ihrem College-Abschluss nur ein Jahr lang gearbeitet hatte. Zunächst war Frau Jin bescheiden und begann, sich mit der Situation des Unternehmens vertraut zu machen, indem sie den Mitarbeitern Fragen stellte. Aufgrund ihres mangelnden Wissens und ihrer mangelnden Erfahrung war sie jedoch nicht in der Lage, die subjektiven Absichten der Personen zu verstehen, die ihr Informationen gaben, und akzeptierte diese, was zu unnötigen Missverständnissen und Misstrauen führte.

Als Frau Jin zum ersten Mal in das Unternehmen eintrat, sagte sie, dass sie nach einer kurzen Arbeitsperiode zu ihrer Familie zurückkehren würde, weil das Pendeln zu lästig sei, aber da sie zu Hause nicht gut behandelt wurde und als Führungskraft des Unternehmens mit Autorität und Respekt behandelt wurde, begann sie es zu genießen und wurde allmählich autoritär.

Sowohl Herr Kim, der Vorstandsvorsitzende, als auch Herr Lee, der stellvertretende Vorstandsvorsitzende, empfanden Frau Jin, die Frau des Mehrheitsaktionärs, als sehr lästig, vor allem weil sie nicht in der Lage war, mit ihnen zu diskutieren, sie unter Druck setzte und ihre Stimme erhob, um sie zu beschimpfen.

Frau Jin bestand gegenüber ihrem Mann, Herrn Bang, darauf, dass Herr Kim, der Vorstandsvorsitzende, und Herr Lee, der stellvertretende Vorstandsvorsitzende, das Unternehmen schlecht führten und dass sie entlassen werden sollten. Da das Paar außerhalb der Arbeitszeit viel Zeit miteinander verbrachte, wurde Herr Bang durch ihre Argumente zunehmend einer Gehirnwäsche unterzogen.

Schließlich verlangte Herr Bang von Herrn Kim, dem Vorstandsvorsitzenden, und Herrn Lee, dem stellvertretenden Vorstandsvorsitzenden, den freiwilligen Rücktritt, und sie kamen seinen Forderungen nach. Herr Bang schickte jemanden aus der Zentrale, der ihm bei den Verwaltungsaufgaben helfen sollte, und ernannte ihn zum Geschäftsführer, aber Frau Jin war der eigentliche Geschäftsführer, und der neue Geschäftsführer war nur dem Namen nach ein Geschäftsführer und hatte keine Befugnisse.

Sie bestand darauf, dass die Mitarbeiter ihre Erlaubnis einholen mussten, wenn sie mehr als einen Dollar für Unternehmensausgaben ausgeben wollten, und sie verlangte, dass ihr alle Entwürfe von Dokumenten zur Genehmigung vorgelegt werden mussten. Die Ineffizienz war so groß, dass sich täglich Hunderte von Dokumenten zur Genehmigung stapelten, und die Mitarbeiter in der Genehmigungslinie konnten sich nicht auf ihre Arbeit konzentrieren, weil sie sie unterschreiben mussten.

Und selbst wenn der CEO etwas genehmigte, wurde es oft für ungültig erklärt, weil Frau Jin, die Rechnungsprüferin, die letzte Entscheidungsträgerin war und die Mitarbeiter sie für den CEO hielten.

Viele ihrer Anweisungen waren ungeheuerlich und führten oft dazu, dass erfahrene Teamleiter, die schon lange im Unternehmen tätig waren, sie mit einem Blick der Verachtung und Geringschätzung ansahen. Frau Jin hatte einen Komplex wegen ihrer Unerfahrenheit und ihrer Schwächen, und sie hatte das Gefühl, dass diese Mitarbeiter auf sie herabblickten und sie verachteten, so dass sie sich rächen wollte.

Einen Monat später rief Frau Jin den Leiter der Personalabteilung an und warf ihm seine Unterlagen vor die Füße, woraufhin der Leiter der Personalabteilung sofort seine Kündigung einreichte. Die Arbeit der Personalabteilung wurde dem Leiter der Finanzabteilung übertragen, der mit der Arbeit der Personalabteilung nicht vertraut war, und obwohl er gelegentlich Fehler machte, war das keine große Sache.

Je mehr sich der Finanzchef jedoch in die Personalarbeit einmischte, desto mehr behauptete sie, der Finanzchef sei eine politische Figur mit Ambitionen auf einen Posten als Generaldirektor oder Führungskraft, und der Finanzchef solle nur seine Arbeit als Finanzchef machen. Diese Art des Managements schuf ein Vakuum in vielen Unternehmensfunktionen.

Frau Jin verlangte vom Vorstandsvorsitzenden, Mitarbeiter zu entlassen, die sie nicht mochte oder mit denen sie Konflikte hatte, Mitarbeiter, die mit ihr unzufrieden waren, usw.

Frau Jin, die über keinerlei Erfahrung im Verkauf oder im Management verfügte, ignorierte die Forderungen der Mitarbeiter nach Gehaltserhöhungen im Rahmen der Gehaltsverhandlungen, bestand auf Einfrierungen oder geringen Erhöhungen und stellte die Ergebnisse als ihre Erfolge bei der Kostensenkung dar.

Das im Vergleich zu anderen Unternehmen der Branche niedrige Gehaltsniveau führte jedoch zu einer hohen Fluktuationsrate, und das Unternehmen erlitt durch das Ausscheiden erfahrener Mitarbeiter und einen unverhältnismäßig hohen Anteil an Berufsanfängern einen schweren Produktivitätsverlust.

Dieser Produktivitätsmangel führte zu häufigen Arbeitsunfällen, und jedes Mal, wenn sich ein Unfall ereignete, musste sich der nominelle Geschäftsführer bei den Kunden entschuldigen und von ihnen gerügt werden, anstatt von Frau Jin, die eigentlich der Geschäftsführer war.

Die Inkompetenz und Verantwortungslosigkeit von Frau Jin bei der

Untersuchung der Unfälle führte zum Rücktritt des Geschäftsführers, und schließlich wurde Herr Bang, Frau Jins Ehemann und wirtschaftlicher Eigentümer, zum Geschäftsführer des Unternehmens.

Herr Bang war sowohl für die Leitung der Zentrale als auch des Unternehmens verantwortlich, was bedeutete, dass er zwischen den beiden Unternehmen hin- und herreisen und dem Unternehmen zusätzliche Mittel zuführen musste, um die rückläufigen Umsätze und das aufgelaufene Defizit des Unternehmens zu decken.

Obwohl Herr Bang der Vorstandsvorsitzende wurde, ignorierte Frau Jin, die Rechnungsprüferin, in formellen Sitzungen oft die Meinung von Herrn Bang, und die Unfähigkeit von Herrn Bang, seine Meinung mit der Stimme von Frau Jin durchzusetzen, führte dazu, dass die Mitarbeiter Frau Jin als Vorsitzende und nicht als Rechnungsprüferin bezeichneten.

Selbst in öffentlichen Sitzungen wies Frau Jin die Meinung von Herrn Bang zurück, indem sie ihm sagte, dass er die interne Situation des Unternehmens nicht kenne und dass sie Recht habe, weil sie schon lange im Unternehmen tätig sei.

Im Unternehmen kursierten Gerüchte, dass Frau Jin die Scheidung von Herrn Fang verlangt habe und dass Herr Fang so entsetzt über die Aussicht war, Frau Jin die Hälfte der Unternehmensanteile, für die er sein ganzes Leben lang gearbeitet hatte, übergeben zu müssen, dass er begann, sich ihren Wünschen zu fügen, um eine Scheidung von Frau Jin zu vermeiden.

Nach dem Wechsel des Geschäftsführers war Herr Bang, der an Wahrsagerei wie Wahrsagen und Feng Shui glaubte, der Meinung, dass der Niedergang des Unternehmens dadurch verursacht wurde, dass die Mitarbeiter Dinge taten, die laut Feng Shui nicht getan werden sollten, oder dass die Büromöbel so angeordnet waren, wie es laut Feng Shui nicht gut ist.

Er war auch der Meinung, dass das Pech von Mitarbeitern in Schlüsselpositionen die Entwicklung des Unternehmens behinderte, und er ergriff daher Maßnahmen wie die Änderung der Büroeinrichtung und die Versetzung von Mitarbeitern mit Pech. Die Mitarbeiter mussten in der Richtung sitzen und arbeiten, die nach der Feng-Shui-Theorie günstig war, und es gab auch Bewegungseinschränkungen, so dass sie durch die Hintertür statt durch die Vordertür gehen mussten.

Unabhängig davon, wie gut eine Person war, prüfte Herr Bang ihre Geburtszeit und die vier Säulen des Schicksals, und wenn sie nicht gut war, stellte er sie nicht ein.

Als die Umsätze des Unternehmens einbrachen, kritisierte Frau Jin die Teamleiter in Besprechungen oft direkt, und der Stress führte dazu, dass immer mehr Teamleiter und Geschäftsführer psychiatrische Hilfe suchten.

Es gab auch einen Vorfall, bei dem Frau Jin an einer Präsentation teilnahm, um ein Projekt zu gewinnen, und als ihm der Inhalt des Geschäftsführers, der die Präsentation hielt, nicht gefiel, übernahm er die Bühne und hielt die Präsentation selbst.

Als der Geschäftsführer jedoch nicht mit einem Mikrofon die Bühne betrat und Frau Jin nicht in der Lage war, die scharfen, professionellen Fragen der Anwesenden zu beantworten und das Projekt verlor, beschimpfte Frau Jin den Geschäftsführer dafür, dass er nicht die Bühne betrat, und sagte in einer offiziellen Sitzung, dass sie das Projekt wegen des Geschäftsführers verloren habe.

Das Verhalten von Frau Jin führte zum Ausscheiden vieler gestresster Teamleiter und höherer Angestellter, und die Produktivität des Unternehmens ging zurück, da aufgrund der niedrigen Gehälter keine talentierten Mitarbeiter eingestellt werden konnten.

In einem Team war die Fluktuationsrate so hoch, dass nur eines der 10 Teammitglieder länger als ein Jahr im Unternehmen war, und es gab kaum Schulungen für neue Mitarbeiter und keine Maßnahmen zur Unfallverhütung.

Die Zentrale des Unternehmens sah eine Chance für eine Kapitalrendite und stellte durch zusätzliche Investitionen Mittel bereit, aber die Verkaufsleistung zeigte keine Anzeichen einer Verbesserung.

Die autoritäre Haltung, die Verantwortungslosigkeit und die Inkompetenz von Frau Jin schienen sich jedoch nicht zu bessern, und die Abwanderung von Schlüsselpersonal, einschließlich des Geschäftsführers, ging weiter.

Die Lage des Unternehmens, die sich mit der Übernahme durch Herrn Bang zum Positiven gewendet hatte, kehrte sich nicht mehr um, und trotz der Bemühungen der Zentrale um eine Finanzspritze musste das Unternehmen nach ein oder zwei Jahren Konkurs anmelden.

Selbst nach dem Konkurs behaupteten Herr Bang und Frau Jin weiterhin, dass der Grund für den Konkurs des Unternehmens die Schuld von Herrn Kim, dem CEO, und Herrn Lee, dem Vizepräsidenten, sei, die sie nach der Übernahme eingestellt hatten.

Für weitere Informationen wenden Sie sich bitte an: anddy.park2014@gmail.com

www.ingramcontent.com/pod-product-compliance
Lightning Source LLC
Chambersburg PA
CBHW081454220526
45466CB00008B/2644